Slow Career

A Theory of Living for People Without Strong Ambition

スローキャリア

上昇志向が強くない人のための生き方論

高橋俊介
Takahashi Shunsuke

PHP

まえがき

自律的キャリア形成という概念が、最近はずいぶんと世の中で認知されるようになった。個人でもそういう意識の強い人が確実に増えているし、企業でも先進的な企業は、キャリア自律の積極的支援に動いている。行政の職業能力開発の基本的考え方も、自己啓発、キャリア自律ベースのものに変化してきた。

しかし一方で、「自分の将来のキャリアのことを真剣に考えろ」「自分に自己投資し、自助努力で人生を切り開け」というメッセージにしんどさを感じ、ただでさえ毎日の仕事における成果のプレッシャーが強まっているのに、とても先のことまで考えていられないという叫びも聞こえてくるように思う。

また一方で、将来の目標があれば、困難な現状も切り開くことができる、目標を持てとはっぱをかける成功者たちの話を聞けば聞くほど、キャリアの目標が思いつかずに日々の仕事に埋没している自分がダメ人間に思えてくる。

キャリア自律とははたして、日々の仕事に埋没せず、それとはまったく次元の違うスキル開発や資格取得に励むことなのか、明確なキャリア目標から逆算して、自分のキャリアにおける損得で仕事を選り好みしていくことなのか。

私は慶應義塾大学の藤沢キャンパスに二〇〇〇年五月に設立されたキャリアリソースラボラトリーを拠点にして、さまざまなキャリアに関する調査研究を行なってきた。その中でいろいろなことがわかってきた。そもそもキャリア自律とは欧米的個人主義の考え方が日本まで押し寄せてきたものではなく、欧米でも一九九〇年代半ばくらいから新たに提唱されるようになってきた、きわめて新しいキャリアの考え方なのだ。

米国では古くから多数のキャリアカウンセラーが育成され、活躍してきた。しかし、彼らのほとんどが就職、転職、再就職の支援という、節目の意思決定支援を行なってきた。確かに終身雇用が基本であればそのような機能は限定的で、日本に発達しなかったのは理解できる。だが、現在世界で新たに問われているキャリア自律は、転職するかしないかにかかわらず、継続的に自らのキャリアを切り開いていく能力の問題である。

その中で一九九九年にはスタンフォード大学のクランボルツ教授による計画的偶発性理論が米国で発表され、注目を集める。キャリアチェンジの研究者からも、キャリアチェンジは計画的にはできないという調査が明らかにされる。そのような変化の激しい時代において、キャリアカウンセラーにも日米を問わず新しい役割が求められるようになったと思う。

キャリアとは普段の仕事に埋没しないでそれとは別の明確な目標の元に、不断なかつ計画的な意思と努力で作り上げられるわけではないのだ。もちろん普段の仕事以外の努力が必要になる場面もあるが、多くの場合は普段の仕事の仕方そのものが問われているのだ。日々の仕事に没頭しているにせよ、その没頭の仕方が問題なのだ。受身にいわれたことをそのとおりやる、そしてそれで成果が出なければそれは命令した上司の責任と考える、あるいは自分に与えられた仕事上の目標を達成するために、直接関係しないことには見向きもしないという没頭の仕方では先が知れている。

上昇志向があまりないにもかかわらず、ある程度まで出世し肩書きがないと負け組に入るというプレッシャーから無理を続けても早晩燃え尽きてしまう。上昇プレッシャーに追われても永久に、年功序列で一丁あがりのご褒美ポストは与えられない。上昇努力そのものが好きな上昇志向が強い人たち以外は、キャリアアッププレッシャーに乗せられてはいけない。

キャリア形成とは日常の仕事に対する取り組み姿勢、それ以外の人生全般でのこだわりや一見無駄と思えるさまざまな行動が多くの部分を担っているのだ。だから多くの上昇志向の強くない人たちにとっての自律的キャリア形成とは、日々の日常へのこだわりこそ重要なのだ。

私にとって、自律的キャリア形成、とりわけ本書のテーマである上昇志向が強くない人にとってのキャリア自律というのは、長年意識してきたテーマだった。当時の巨大組織であった国鉄を振り出しにして、長年経営や人事のコンサルティングに関わってきた。もともとエンジニアであった私が組織人事問題に取り組むようになったのも、自分自身の働き方やキャリアへの問題意識が一つのきっかけだったように思う。特に小さいながらワトソンワイアットというコンサルティング会社の社長を四年やって辞めた時に、このテーマがはっきり自分の中で見えてきたように思う。

一方でこのテーマは、人材こそ最も重要である企業にとってもきわめて大きな課題である。自律的キャリア形成というと、「そんなこととして寝た子を起こして人材流出したらどうするんだ」と考える経営者もいるだろう。しかし、われわれの調査でも若年層中心に、上昇志向は弱いが自分らしいユニークなキャリアを望んで、実際に自主的学習や仕事への主体的取り組みなどの自律行動もとっている優秀層が結構大きな存在となっている。彼らは明らかに、現在の会社でのキャリア自律の実現が不可能と思えば流出する人材なのだ。

つまり、企業が求める優秀層にも社内出世志向、ビジネスリーダー候補の人たちと同じくらいの数の、社外をいとわず自分らしいキャリアを追い求める人たちがいるということだ。彼らに自身のキャリア以上に組織への忠誠心を求め、上昇のみを良しとするキャリアアップ志向の人事制度でやる気を引き出そうとすれば確かに流出が起こるだろう。

わが社は、ビジネスリーダー候補で強い上昇志向を持った人材以外は必要ないと言い切れるほど継続的な人材吸引力や中央集権的な事業構造を持った会社がどれだけあるだろうか。優れたビジネスリーダーは確かに重要だが、リーダーだけでビジネスができるのか。

上昇志向は強くないが、良い仕事をするプロフェッショナル集団をどう育成し動機付けしていくかは、そもそも上昇志向が強いからこそ経営トップになった人たちにうまく理解してもらえるのかと心配になることがある。

自分自身が上昇志向は強くなさそうだが、仕事やキャリアにはできるだけ前向きに行きたい、しかしそのためにはどうすればよいのだろう、世の中でいわれているキャリアアップ法などはちょっと違和感があるのだが、と考えている人たちのヒントになればと思って、この本を企画した。

まだまだ研究が十分だとは思っていない、「スローキャリア」というテーマについて、私なりに考えをまとめたものである。またスローキャリア人材をどう活用しようかと考えている人材マネジメントのプロフェッショナルの方々や経営の立場におられるビジネスリーダーの方々にも参考にしていただければと思う。

この本はＰＨＰ研究所が発行する月刊誌『ＴＨＥ21』に一年間連載した内容に基づき、大幅に内容を拡充したものである。雑誌企画と単行本化に尽力いただいた同社『ＴＨＥ21』編集部の中村康教氏とビジネス出版部の前田守人氏、さらに巻末の対談のお相手を快く引き受けてくださった、日本におけるキャリアの代表的研究者のお一人である神戸大学の金井壽宏教授に深く感謝したい。

高橋俊介

二〇〇四年六月

スローキャリア●もくじ

第二章　スローキャリアとそうでないキャリア

第三章　スローキャリアの七つのポリシー

第六章　スローキャリアにおける判断のものさし

第七章　スローキャリアにおけるさまざまな選択肢

第八章　スローキャリアとスローライフ

装丁◎一瀬錠二（Art of NOISE）
本文デザイン◎朝日メディアインターナショナル

序章

あなたはキャリアについて
勘違いしていないか

ビジネスリーダーやアントレプレナーが人生の「勝ち組」というのは本当か

リーダーシップブームである。

生き残るためには優秀なビジネスリーダーの育成こそ急務だと考える企業が増えたのか、二〇歳代後半から三〇歳代の社員の中から、将来の幹部候補を早々に選抜し育てるプログラムが、このところ人気を博している。

実際、上場企業にも変革の旗手として四〇歳代の社長がちらほら現れ始めているのは、早期選抜を含めたリーダーシップ開発が浸透し始めた結果だろう。

一方、一時期ほどではないにせよ、アントレプレナーを待望する空気もこの国には根強い。閉塞した社会に風穴を開け、停滞した経済を活性化し、新しいビジネスモデルでこの国を引っ張っていくのはアントレプレナーであるということで、国や大学もこのアントレプレナーを教育、支援することにはかなり積極的に取り組んでいる。

またわかりやすい成功のモデルとして、マスコミも若きアントレプレナーを、こぞって好意的に取り上げる傾向にある。

いまこの国や多くの企業が、有能な変革のリーダーやアントレプレナーを必要としているのは紛うことのない事実であろう。

しかしながら、これからは全員がビジネスリーダーやアントレプレナーをめざさなければならないのかといったらそんなことはないし、その必要もないはずだ。さらにいえば、ビジネスリーダーやアントレプレナーになることが、万人にとって幸せを意味するわけではない。むしろそれを望まない人が、時流だけを見てビジネスリーダーやアントレプレナーをめざしても、決して幸福なキャリアは築けないはずだ。

現に強烈な上昇志向でトップに昇りつめたものの、実態は権力にしがみつくことに汲々としていたり、自分の支配欲を満たすためだけにそこにいる創業経営者や大企業の社長を、われわれは何人も見てきている。

彼らのように、かつては優秀なビジネスリーダーやアントレプレナーだったかもしれない人も、それを可能にした上昇志向を支える動機が、いったんネガティブ・サイドに振れてしまうと、途端にリーダーや経営者としての資質を失い、冷静な判断力の欠如した暴走する権力者となってしまうのだ。

そんな人を見ていると、ビジネスリーダーやアントレプレナーでありながら、とてもではないが幸せだとは思えないどころか、そぞろ哀れすら感じる。

逆に、早くからトップに立つこととは別の部分に生き甲斐を見出し、充実したキャリアを送っている人もたくさんいるというのに、そういうメッセージはなかなか伝わりにくいようだ。またそういう思考を持っている人を、企業や社会はきちんと受け入れていないという現実も無視できない。

いい例が、勝ち組、負け組という対比だ。

資本主義社会において私企業には、利潤の追求という明確な目的があるので、そういう勝ち負けを測る、これはある意味やぶさかではないといえよう。ところがその企業で働く人にも、この勝ち負けという評価基準が当てはまるかといったら、それは大いに疑問である。

なぜなら、個人の生きる目的というのは、企業における利益のように共通ではないからだ。他人より多くお金を稼ぎたい、高い地位を得たいという人もいれば、そんなものより家族と一緒の時間にこそ至高の価値を感じるという人だっている。要するに、人がなにを重要だと感じ、極大化したいかというのは個人が自由に選択できる。つまり、人生には勝ち負けなどないということなのである。

同じ理由で、キャリアアップという言葉にも、私は違和感を覚える。人生同様キャリアにも、勝ち負けを測る共通のものさしなど存在しないのだから、アップもダウンもありはしないのだ。

ただ強いていうなら、これは人生も同じことだが、その人自身が判断する幸せなキャリア、不幸なキャリアというのがあるだけだ。

ビジネスリーダーやアントレプレナーが必要とされていることを私は否定しない。ただその枠に入ることができた人が勝ち組で、彼らは賞賛に値し、もちろん幸せになる権利を手に入れるが、そこに入れなかった負け組は残念ながら不幸である。ただしなんらかのセーフティネットを用意して、彼らにも救いの手を差し伸べてあげましょうという発想は間違っているし、それでこの社会がよりよい方向に進むとは思えない。ましてや最初から競争を制限し、全員横並びの社会を作って、この国が良くなるなどとはとても思えない。

いま本当に必要なのは、あえてビジネスリーダーやアントレプレナーをめざさない、上昇志向を持たない人がなんら不利にならず、もちろん負け組と後ろ指を指されることなく、彼らもまた充実したキャリアや人生を送れるよう、企業や社会がインフラを整備することではないのだろうか。

もいる。

年功序列が日本固有の文化なのではない

若手の有望株を早期選抜するようなリーダー育成プログラムそのものに反対する人たちもいる。

年功序列というのは、日本の国民性に根付いているのだから、それに反する早期選抜など行なえば、選ばれなかった人のモラールは当然下がる。そうなればいくら優秀なリーダーが育っても、ビジネスがうまく機能するわけがない。結局日本の文化的風土に、実力主義はそぐわないというのが彼らの言い分だ。

だが、日本人は農耕民族で集団主義だから年功序列が適しており、一方西欧人は狩猟民族ゆえに個人主義であり、だからこそ実力主義が向いているという二極論のいったいどこに正当性があるというのか。

かつて私は、フランスとアメリカ両方の企業に勤務したことがある。

日本人が農耕民族だといっても、いまでは食糧自給率が二割とか三割とかいわれるほど低くなってしまったが、フランスはいまでも食糧自給率一〇〇%以上を誇っているのだから、フランス人というのは日本人以上に農耕民族であるといえよう。

ならば日本人同様、集団主義を好むのかといえば、これが徹底した個人主義なのだ。企業の中で異動があっても、前任者は後任に引継ぎをしないし、担当者が休暇をとっていれば、周りの社員は彼の仕事を一切フォローしない。個人主義の代名詞のように思われているアメリカ人ですら、彼らフランス人に比べればはるかに集団主義であるというのが、経験から得た私の感想だ。この事実をいったいどのように説明するのか。

そうすると、たいてい日本人が集団主義を好むのは、儒教の影響が強いからだという反論が返ってくる。それでは聞くが、儒教発祥の地、中国の民間企業は、やはり実力主義を受け入れないと思うか。

毎年中国の中華英才網という求人情報サービスの会社が、中国の大学生に、就職したい会社のアンケートをとっている。二〇〇四年上位五〇位に日本企業はわずか二社しか入らなかった。その中でもいちばん上のソニーですら二六位、ベストテンに入らないどころか、一一位の韓国の三星に人気でははるかにかなわなかった。

端的にいって、中国の大学生にとって日本企業は就職先としてあまり魅力的ではないのである。

その理由が、年功序列なのだ。いくら世界ブランドの企業であっても、年功序列があるかぎり、ある一定期間を経なければジェネラルマネジャーにもなれないというのでは、自分が優秀だと思っている学生ほど物足りなく感じる。だからＩＢＭやＰ＆Ｇのような欧米系の企業に人気が集まるのだ。

ではハイアールや聯想集団といったところはどうだ。これらは儒教の国、中国の企業でありながら、人気は一〇位以内で日本企業よりはるかに上である。

理由は簡単で、これらの企業にはすでに、年功序列を引きずる日本企業より、はるかに実力主義が浸透しているのだ。さらに付け加えるなら、日本企業は個人主導で勤務時間以外にスキルアップに励むことを嫌うカルチャーが残っており、それが中国の大学生から嫌われるもう一つの理由という人もいる。

中国の社会にはいまだに儒教の精神や考え方が、日本以上に強く残っている。年功序列制度の根底には儒教があるというのであれば、中国の企業が実力主義を導入し、また学生もそういう企業を就職先に選びたがっているという事実が説明できないではないか。

あるいはアメリカにおける三六〇度多面評価。これなど当初はアメリカに合わないといわれ、事実九二年の段階では、全米企業のわずか五％しかこの評価制度を採用していなかった。ところが最近の調査では、八〇％を超える企業が三六〇度多面評価をすでに採用済みだという報告がされている。

つまりアメリカというのは、八〇年代まで典型的な結果主義で、極端な話が短期的な目標管理だけをしていればよかったのだが、九〇年代に入ると、その考え方ではだんだんと行き詰まってきた。やはり中長期的な目標も据えなければならないし、同時に社員の評価も数字だけではなく、コミットメントやロイヤリティのようなものも測らなければならないという認識が生まれてきたところに、この三六〇度多面評価が見事にはまり、一気に広まったというわけである。

このように、具体的な現実というのはさまざまな側面を持っているので、その時その時でどのような人事制度がうまく機能するかは、一つ一つ丁寧に検証していかなければわからないのに、それを日本人だからこうで欧米はこう、あるいは農耕民族というのはもともとこうなのだといった文化論や一般論に無理やり当てはめてそれでよしとする姿勢は、知的怠惰であり、そういう人は明らかに思考停止状態に陥っている。

リーダー育成のための早期選抜が、日本の文化や日本人の心情に合っているかどうかなどという議論にはほとんど意味はない。問題は、勝ち組にならなければ幸せになれない、そのために全員が上昇志向を持つべきだという前提を、社会全体が煽っていることのほうだ。

すべての働く者が上昇志向を持っているわけではない

もともと強烈な上昇志向があり、それが仕事のエネルギーとなっている人はたしかにいる。出世して権力を手中にする、会社をそして日本を自分の思う方向へ変革する、あるいは平均をはるかに超える報酬を手に入れる、有名になり世間から羨望の眼差しで見られる、そうなることで自分は幸せになると彼らは信じているから、傍からはどんなにたいへんそうに見えようと、そうなるための努力というのは、彼らにとってさほど苦ではないのだ。

ところがほとんどの人は、そこまで強い上昇志向を持っていない。もちろんそういう人たちも、勝ち組に残らないと幸せになれないという幻想を持たされているから、上をめざして同じように努力をしていると思う。ただし同じ努力であっても、もともと上昇志向の持ち主なら苦労にならないことが、普通の人にとっては我慢であったり忍耐であったり、とにかくかなりの負担であるのは間違いない。しかも運よく（運悪く？）出世して、組織のトップに昇りつめることができたとしても、仕事は増える、責任は重くなるわで、世間からは勝ち組と見られているにもかかわらず、本人は少しも幸せな気がしないということにもなりかねない。

だというのに過去の人事制度というのは、これは日本だけではなく欧米でも同じなのだが、出世のみが働く者の幸せを保証するという共同幻想を前提に作られてきた。

たとえば部長に昇格した途端、机が大きくなったり、出張の際グリーン車に乗れるようになるなどということは、いまだに多くの会社で行なわれている。考えてみればおかしな話で、だいたい部長などというのは四六時中自分の机にへばりついていたら仕事になどならないのだから、大きな机どころか、逆に小さくなってもいいくらいだし、歳をとると移動が疲れるというのであれば、グリーン車に乗れるかどうかは、役職ではなく年齢で決めたほうがまだ理屈に合っている。役員になると自宅に黒塗りのハイヤーが迎えにくるとか、お付きの人が鞄を持ってくれるなどというのも同じで、役員の仕事にはそれが必要なのだという必然性がまるでない。

結局これは、出世した人に特別待遇を与えることで、それを見た他の社員に自分も出世してああなりたいという気持ちを抱かせ、がむしゃらに働かせることを意図していたにほかならない。

しかも上に行くほど多くのものが手に入り、周りからは賞賛を受け羨望の目で見られるという以外の成功者像を、企業も社会も示してこなかったから、結果的に全員が、それこそ上昇志向のあるなしにかかわらず、成功者になって幸せを手に入れようと必死で働くわけで、事実このシステムはある時期まで非常に効率的に機能してきた。

現在では、一組織内の出世にとどまらず、自身で会社を創業し株式公開を果たすこと、転職を繰り返しながら社会の中でステップ・アップしていくことや、労働市場において自分の値段を上げるなど、出世の概念も拡大してきているが、上に行くほど幸せになれるという幻想はなんら変化していない。

このあたりのやり方は欧米も同じで、向こうのコンサルティング会社や法律事務所といったいわゆるプロフェッショナル・サービス・ファームには、「アップ・オア・アウト」という考え方が伝統的にある。上に行った者には破格の報酬が用意されているものの、一定年数以内に結果を出して高い能力を実証できなければ、その人間は組織を去らなければならないという、働く者を遮二無二働かせ短期間で目標達成させるにはもってこいの制度だ。

このように、人々の上昇志向を活用してモチベーションを引き出すというマネジメントが、これまで当然のように行なわれてきた。だが出世すれば誰もが幸せになれるわけではないし、皆が上昇志向を持っているわけでもないのは明らかなのだから、全員に上をめざさせたり、他人より早く出世することだけに価値を見出すのはもうやめようというのが、私の主張するところである。

若者のキャリアに関する四つの悩み

私は大学で、「キャリア開発論」という授業を担当しているが、これから社会に出るに当たって、学生もそれなりにキャリアに関して悩みを抱えている。

いま学生がキャリアをどう考え、なにに悩んでいるか、典型的な例を四つ紹介しよう。

●焦り症候群

多くの学生は、「この世は競争社会なんだ、早くしないと負け組になるよ」という社会からのメッセージを忠実に受け取って、どうやって遅れをとることなく勝ち組に入るかを想像以上に強く意識している。

ある日の授業の後、ひとりの学生が私のところに質問に来た。学部を卒業したらすぐにMBA（経営学修士）を取得したいのだが、その場合日本と海外のどちらで取るほうが将来的に有利かというので、社会を経験せずにMBAを取っても、その価値を十分享受することはできないだろうから、まずは就職を考えたほうがいいというアドバイスをした。

「だって三〇歳までに勝ち組、負け組が決まってしまうんでしょ。就職なんかしていたら間に合わないじゃないですか」

彼のような学生は少なくない。

それが本当の上昇志向かどうかわからないが、とにかく勝ち組になりたいとキャリアを焦っている。

●逃避症候群

勝ち組、負け組を強く意識しているのは、「焦り症候群」の学生と同じだが、このタイプの学生はスタートラインに立つ前から、どうせ勝ち組にはなれないと諦めている。目標もないし、なにをやりたいのかもわからなければ、行き着く先はフリーターしかない。

そういう学生が増えた結果、九〇年代初頭には五％程度だった新卒無業者の比率が、いまでは二五％にまで膨れ上がっている。こうなると年金などのシステムも影響を受けるのは明らかで、若者のフリーターが増えるということはいまや重大な社会問題であるといえよう。

結局勝ち組、負け組という二極論が、上昇志向を持たない人間はフリーターになるしかないという短絡思考に学生を染めてしまっているのだ。勝ち組と負け組の間に、さまざまな職業やいろいろな可能性があるというメッセージこそが彼らには必要なのであり、そうでなければこの社会は、早晩立ち行かなくなるはずだ。

●思い込み症候群

勝ち組にならなくてもいいから、自分らしさを大事にしていきたいという考えの学生も、最近は徐々に増えてきている。

これ自体、私は非常に素晴らしいことだと思うのだが、そういう学生と話をしてみると、自分らしさというものを誤解していたり、単なる思い込みに過ぎない人がかなりの数いることがわかる。

大手就職情報会社の発行するアルバイト求人誌が、最近全ページカラーになった。アルバイトを探している人に必要なのは、仕事内容や場所それに時給などの条件くらいだから、そんなものは四、五行の文字情報で済むだろう、なぜカラー化する必要があるのだ。その疑問を出版元の就職情報会社の幹部である知人に尋ねたところ、いやそうではないという返事がかえってきた。

まず職場の写真が絶対に欠かせないのだという。いまの若者はどんな仕事でいくら稼げるかよりも、その職場がどんな雰囲気かを気にするから、写真がないと応募が極端に減るらしい。しかもなぜカラーなのかというと、モノクロではその職場に茶髪の人がいるかどうかわからないからだそうだ。髪を染めた人を許す職場というのは、働く人の個性を尊重してくれているのだから、働きやすいに違いないという、実に学生らしい都合のいい思い込みだ。

あるいは、人気アイドルグループのひとりが主人公を務め、高視聴率を叩き出したテレビ番組——主人公が事故でパイロットという仕事を断念せざるをえないという状況に追い込まれるものの、不屈の努力とチャレンジ精神で苦境を乗り越え、最後には副操縦士としてカムバックするというストーリーを、多くの若者が支持したわけだが、私にいわせれば、かなり偏狭な自分らしさの追求だ。航空会社の仕事はなにもパイロットだけではないのだ。客室乗務員もあれば、チーフパーサーをめざすという手もある。それなのに自分にはパイロットしかないと思い込んでしまったら、自らキャリアの幅を狭めてしまうだけだ。

一つの職業にこだわることと自分らしさとは関係がない。だいたい自分に向いている仕事が一つしかないと考えること自体が不自然だ。それなのに自分の進むべき道はこれと決めて職業選択をしようとするのは、思い込み以外のなにものでもない。

●考えすぎ症候群

就職活動においてはたいてい、企業にアプローチすると最初にエントリーシートを書かされるが、このとき「あなたの五年後のキャリアゴールを具体的に書きなさい」などという設問があると、真面目な学生ほど思い悩む傾向にある。

五年後のキャリアゴールなど思いつかないのが当たり前で、そう質問する人事担当者だって、入社前に明確なキャリアゴールなど持ってはいなかったはずなのだ。

だけど真面目な学生は、こんなこともわからないダメ人間だと自分のことを思ってしまう。あるいはやりたいことを聞かれ答えられないと、やりたいこともはっきりしない自分が情けないと自己嫌悪に陥る。

こういう悩み方をしていると、就職やキャリアに対する姿勢がどんどん後ろ向きになってきて、挙句の果てに就職活動そのものをやめてしまうというケースすらある。

自分とはなにで、自分のやりたいことはなにか。そういうものは主体性を持って日々を生きている人だけが、何年かに一度なにかの拍子に気がつくのであって、一日部屋に閉じこもって内省してもわかるわけがないのだ。

だからやりたいこともわからない自分はダメ人間だと悩む必要はないし、むしろあまりに具体的なビジョンを持っている人が、実はとんでもない誤りを犯している可能性だってあるのだ。

これは社会人にもいえることだが、まず目的があって、そこから逆算してキャリアを作っていく合目的的キャリア論では解決しない問題がいまはあまりに多い。

とにかく行動してみて、それが失敗だったらそこでまた考えればよい、そういう発想がこれからは必要になる。

第一章

キャリアに関する七つの誤解

無理に上昇志向を持たされ、煽られた挙句不幸なキャリアに導かれないためにはどうしたらいいだろうか。

自分のキャリアは自分自身が作るのだという「自律的キャリア形成」の発想を持つというのが一つの答えだ。

ただこの自律的キャリア形成に関しては、さまざまな誤解があるのもまた確かである。たとえば自律的キャリア形成などと聞くと、若者のわがままを聞けということなのかと か、そんな寝た子を起こすようなことをしたら、社員が皆辞めてしまうじゃないかという反応をする経営者は少なくない。

あるいは会社が労働者のキャリアの自律に手を貸して、転職しても社外で通用するスキル（エンプロイアビリティ）を身に付けることを推奨したりすれば、それは優秀な人材の流出を促して、結局は自分たちで自分の首を締めることになるからとんでもないというのも、まさに自律的キャリア形成に対する誤解の産物だ。

ここではそんな自律的キャリア形成に関する誤解とその解決方法を見ていくことにしよ

「自律的キャリア形成」の発想

う。

その一　キャリア形成には具体的かつ長期的目標が必要？

キャリアというと、五年後、一〇年後の明確な目標を立てて、そこから逆算していまを考えていくという詰め将棋のようなやり方が合理的であると考えがちだが、このような目的合理的キャリア形成というのは、いまの時代には適合しない。

むしろ私は、キャリアに目標はいらないと考える。

理由ははっきりしている。世の中の変革のスピードが速くなって、経営の将来予測ができなくなっているのだ。早い話が企業の人事ですら、三年先の自社の人材ポートフォリオが読めないのだ。

たとえば定年までいまの会社に勤めることを前提に、綿密なキャリアプランを構築しても、突然リストラされるかもしれないし、極端な場合会社が破綻してしまうかもしれない。そこまでいかなくても規制緩和や技術開発、安い外国製品の流入などで市場が変化すれば、いま花形の部署があっという間に陳腐化する可能性もあるし、そうなれば市場から撤退、あるいは事業ごと売却ということもあり得る。また同じ職種にいても、求められる能力や役割が変わっていくことは十分考えられる。

こんな時代に長期的な目標を固定化するのは、合理的どころか常にキャリア崩壊の危機と背中合わせの危険極まりない行為なのである。

もちろん中長期目標を設定し、目的合理的に行動しないとモチベーションが上がらないというのならそれは否定しないが、私はやはり目標を持つのであれば、キャリアではなく仕事の中で持つべきだと思う。それも三ヵ月、六ヵ月、一年という短い単位で目の前の仕事に課題を持って取り組み、そこで新しいスキルを身に付けていく。それを繰り返していくことが、いちばん合理的な自律的キャリア形成につながるのではないだろうか。

中長期的具体目標は必要ないが、やはり夢はないよりはあったほうがよいだろう。

その二　夢を実現する力こそ重要?

夢と目標というのは、日常の会話ではその境界を曖昧にしたまま口にしがちだが、厳密には異なる概念である。

まず目標というのは、きわめて具体的でなければならない。しかも達成しなければ意味がないのだが、通常は達成までの期限が定められているので、限られた時間でどうやってゴールに到達するかを詰め将棋のように考えて行動することを人に余儀なくさせる。つまり目標があると、人は目的合理的に動こうとするのである。

これに比べて夢には具体性は必要ない。達成期限もなければどうやってそこに近づけばいいのか、その道筋すらわからない場合がほとんどだ。こうなればいいなと漠然と思いを馳せるのが夢である。

それではなぜ人は夢を持たなければならないのだろうか。まず夢が叶ったときのことを考えると元気が出るという効能がある。それから夢があると、普段の行動の意味や方向を決めやすくなる。これが目標だと、いつまでこれをやらなければならないという目的合理的なプレッシャーがかかるが、夢の場合は、あればこちら側に行ったほうがその夢に近づくのではないかという価値合理的な判断をくだしやすくなるのである。

それから、日頃から夢のほうを向いて行動していると、チャンスが来たとき迷わず最初の一歩を踏み出せるので有利である。たとえばいまはサラリーマンだが、将来は南の島で暮らしたいという夢を持っている人なら、パーティなどで沖縄の話が出ればすかさずその輪に入っていくだろうし、そこで沖縄移住に関する貴重な話を聞けるかもしれない。ところがそういう夢がない人には、そういう機会は訪れないのである。

目標には期限があるといったが、あまり遠すぎても目標にならないだろう。いまの時代ならせいぜい六ヵ月先が限度といえる。一方夢のほうは、五年、一〇年という遠い未来に置いてもかまわない。

以前、私が直接訪れて話を聞いたシリコンバレーのある会社では、予算を三ヵ月単位で決めていた。そこで年間予算はないのかと尋ねると、それは中期経営計画というのだといわれてしまった。ちなみにその会社では、三年先のことはドリームと呼んでいた。

ところで目標は達成しなければ意味がないといったが、夢は実現しなくてもいいのだろうか。

ある女性誌が特集で、夢に関するアンケートを読者にしたところ、あなたには夢があるかという問いには八〇％以上の人が「ある」と答えたそうだ。それから夢が破れたことはあるかという質問には、やはりほとんどの人が「ある」という回答を寄せ、最初に夢が破れた平均年齢は二二歳だったそうだ。それで私は、この二二歳というのはおそらく就職活動だろうと推測したのである。

だとしたらそれは、夢が破れたのではなく、現実を知って夢を卒業したのである。
学生時代の私は、最初パイロットをめざしていた。ところがパイロットになるには身長がやや足りず、泣く泣く諦めた記憶がある。でもいま考えると、パイロットというのはたくさんの計器を同時に確認し操作しなければならないので、神経を多方面に分散する能力が必要なのだが、私の場合は一つのことに集中すると、ほかがまるで見えなくなるタイプだから、資質的にパイロットは向いていなかったということがよくわかる。私はずっと身長のせいでパイロットの夢を諦めたと思っていたのだが、実はそういうことに薄々感づいていたのかもしれない。

夢は必ずしも実現しなければならないものではない。夢が破れたら、その夢はそこで卒業だと思って次の夢を見ればいいのだ。そういうことを繰り返しているうちに、この社会の現実を見る目がだんだんと養われ、やがては本当の夢に近づくことができるのである。

その三　やりたいことは職種名で考える？

キャリア目標のように、キャリアを考える際には、まずやりたいことが明確になっていなければならないというのは本当だろうか。

自分のやりたいことがはっきり見えているなら、それは悪いことではない。ただそういう人も、私は営業をやりたい、看護師になりたいという具合に、やりたいことを職種で決めている場合が多いようだが、それではあまり意味がない。

職種というのはあくまで手段に過ぎないし、それに同じ職種であっても、仕事の内容や必要な能力は決して同様ではないからだ。

たとえば一口に営業といっても、問題を抱える企業のソリューションが中心の営業と、飛び込みで新規顧客を獲得してくる営業とでは、営業マンに求められるスキルや適性がまるで違う。それなのに、自分は外交的で明るい性格だから営業に向いているなどと決めつけても意味がない。

あるいはまた、それを自動車販売の営業に絞り込んだとしても、都市部の外車ディーラーなら、ショールームに座っていても、やってくるのはほとんど買う気になっているのに決心がつかないお客様なので、そういう客に決心させる巧みな話術と、クロージングでの押しの強さを持った営業マンが成績を上げるかもしれない。また、地方のディーラーで優秀とされている人には、深夜だろうが休日だろうが電話一本で駆けつけるという献身的なサービスで顧客と信頼関係を築き、その結果客のほうから次々と新しいお客さんを紹介してもらうというタイプもありえる。

それから同じ看護師でも、救急救命センターと産婦人科それぞれに人工透析の専門病院、あるいは老人病院では、仕事内容も異なれば、どんなパーソナリティの人が向いているかも一様ではない。

救急救命センターでは、いつどんな患者が運び込まれてくるかわからないから、二四時間常時緊張が強いられるだろう。これに対し産婦人科では、もちろん緊急事態はあるが、基本的には事故や病気に対処するというより、そういうことが起こらないように神経を使うことが要求される。産婦人科は無事生まれて当たり前、万が一でも間違いがあれば大変なことになる。医療過誤への慎重な対処が最も必要な分野だろう。

しかしその結果が出産であるから、ある意味幸せの医療といえる。人工透析というのは、深夜は行なわないので、この病院に勤める看護師には通常夜勤がない。ただし透析の間、主に回復の見込みの少ない高齢者である患者の話し相手にならなければならないから、そういうことが苦にならない性格である必要がある。一方老人病院では痴呆のケースが多く、どんなに誠心誠意介護してもひどい言葉を投げかけられることもあり、逆にひどい扱いをしても明るみに出にくい。このような職場では、良い意味で愚直であることがとても重要になる。

米国で、大学生の就職などで最も一般的に用いられているＭＢＴＩ（マイヤーズ・ブリックス・タイプ・インディケーター）というパーソナリティーアセスメントのツールがある。これはユングの心理学に基づき、パーソナリティーのタイプを一六分類する考え方だ。六〇年あまりの歴史を持つツールで、毎年数百万人が受験するといわれているが、このツールでも昔は確かに、どのタイプがどの職業に向いているといった使われ方をしたこともあったらしい。

しかし、最近ではむしろその職業概念の固定化の弊害が目立つので、そのような使い方はしていないという。たとえば、確かにキャリアカウンセラーにはある特定のタイプが多いという。ただし、キャリアカウンセラーのニーズもいろいろ変化している。最近は企業内キャリアカウンセリングも重要になってきているが、この役割は大学の就職部やあるいはアウトプレースメントなどで必要な機能と結構異なる部分がある。さらにいえば、同じ役割でも価値の出し方は人によって違って良いのに、たまたま新人のカウンセラーが典型的タイプと違うタイプで、周辺の先輩がみな同じタイプだと、無理して違うタイプの先輩のやり方に合わせようとして自分らしさを殺して努力し、結局その仕事そのものが自分に合わなかったと思ってしまうリスクがあるらしい。違うタイプが違う価値の出し方をするから、その職業が進歩していくこともあるはずだ。

求められる能力という意味からも変化は激しい。医薬品のＭＲ（医薬情報担当者）も、求められる能力が昔と大きく変わってきている典型事例だろう。

以前は学会のスライドをドクターの代わりに作ったりすることから、引越しの手伝いや奥様の買物の送り迎えまでやるような、そういう利益供与型の営業が求められたが、いまは逆にそういう営業は禁止され、薬の副作用のような顧客の必要な情報をすぐに提供できるエビデンス型の営業ができないとＭＲは務まらないといわれるようになってきている。

このように、この職種に就けばやりたいことができるという考え方は、いまやあまり現実味がない。それよりもこの職場で、あるいは目の前の仕事を通して、自分のやりたいことができるかどうかを判断すべきである。

その四　好きなことを仕事にする？

自分の好きなものを扱う仕事なら楽しいはずだ、自分に向いていると考えたくなるが、そうとはかぎらない。

私自身を例にあげれば、私は大学で航空工学を学んでいたが、就職先にはまったく関係ない当時の国鉄を選んだ。昭和五三年のことだ。

担当教授に国鉄に行くと伝えると、案の定、「航空学科の人間がなんで国鉄なんだ」と問い詰められた。

「鉄道が好きなものですから」

そんな理由で一生の仕事を決めたのかと教授は半ば呆れていたが、そうはいっても当時の私には、とくにこれがやりたいという仕事もなかったので、だったら好きな鉄道の仕事をしようということくらいしか思いつかなかったのだ。

そうして入った国鉄も、五年で辞めることになるのだから、傍から見れば私が就職先に国鉄を選んだのは失敗に映ったかもしれないが、私にしてみれば、鉄道が好きなことと、鉄道の仕事が向いているかどうかはまったく別物だということがわかったのだから、大きな収穫があったと思っている。

そのとき私が学んだのは、一口に鉄道が好きだといっても、鉄道のなにが好きかでパーソナリティや向いている分野が違うということだった。

機関車などの鉄道模型ファンの「模型派」。鉄道写真の好きな「写真派」。「踏破派」というのは、他人より早く全線を踏破する、そういう記録を作るのに生き甲斐を感じる人たち。

そして私の属していたのは「時刻表派」だった。時刻表を読むのが好きだなどというと、あんな無味乾燥な数字の羅列を見ていったいどこが楽しいんだと、興味のない人からは単なるネクラ人間のように思われるが、真の時刻表派は、冗談ではなくあれが楽しくてたまらないのだ。

たとえば新幹線品川駅が開業して、その結果ひかりの本数が減ってのぞみが大幅に増えたとしよう。普通の人はその程度のことしかわからないが、時刻表派はその裏にある、ダイヤ改正の意図と政策的背景まで読み取ろうとするのである。そのうえでひかりとのぞみの料金差を今後どうしていくつもりなのかや、車両のやりくりをどうするのかといったことにまで想像を働かせていくのである。

そういうことが好きだったから、自分は鉄道が好きなのだということに、私は微塵も疑いを持っていなかったのだが、あとからよくよく考えてみると、なんのことはない、私が好きなのは具体的なデータから抽象的な概念を考えるのが好きだったのだ。

そうすると、いま私のやっているコンサルタントなどは、個々の事象を概念化し、それをフレームワークで人に伝えるのが中心の仕事であるから、まさに私のような抽象概念思考が強い人間に向いているといえるだろう。

どういう仕事が向いているかというのは、表面的に好きなものを扱えるから向いているんだというレベルではないということがわかっていただけただろうか。

もう少し補足するなら、結婚を考えてみるといい。好きな異性のタイプと、幸せな結婚生活を送るのにふさわしいパートナーのタイプは、必ずしも一致しないということに、多くの読者はうなずいてくれると思う。

好きというのは単なる好みの問題だが、結婚というのは具体的な日常生活だ。そして生活とは、好きという気持ちや憧れだけですべてがうまくいくわけではない。

そういう意味では、就職というのも日常生活なのである。

その五　やりたいことが見つからないから就職しない？

フリーターの人に話を聞いてみると、自分にはやりたいことがまだ見つからないから、とりあえずフリーターをやっているという人がときどきいる。だがこれは実に下手なやり方だ。方法論的に間違っているといってもいいかもしれない。

フリーターなどやっていても、やりたいことなど見つかるわけがないからだ。

フリーターというのは、できる仕事の範囲が非常に限られているし、受身の仕事なので自律性にも乏しく、仕事の中で創意工夫できる余地もきわめて少ない。

そういう仕事では、なかなかやりがいというものも感じられないだろうし、その仕事を自分の主体的な努力で天職に変えていこうという気持ちになるわけがないのだ。

とにかく初めからやりたいことなどわかるわけがないのだから、フリーターをやりながらやりたいことを探しているんだという人は、なんでもいいからフリーターではない、自律性のある仕事に就くことだ。

すでに、自分の好きなものを扱う仕事が自分に向いているわけではないという話はした。ただし、好きなものが当座の仕事選びのきっかけになるのなら、とりあえずそれでもいい。もちろんそれでひどい目に遭うかもしれないが、それでもフリーターを続けているより数段ましだ。失敗を繰り返し、試行錯誤を続けていれば、いつか必ずやりたいことも見つかる。

キャリアという山は富士山のように、麓にいるときから頂が見えているわけではないから、あの頂上に立つのは何歳で、そうすると五合目は何歳で通過すればいいなどという計算も、当然成り立たない。

登山口には木々がうっそうと生い茂り、頂上どころかどちらに行けば、目的の山があるのかすらわからないのがキャリアのスタートだ。しかしそこでじっとしていても、進む方向はいつまでたってもわからないから、とりあえずこっちだというあたりをつけて歩き出さなければならない。

道を間違え引き返したり、崖から落ちて怪我をしたり、遭難の危機にあったりしながら、それでも歩みを続けていれば、突然視界が開け、めざす山の頂きが目に飛び込んでくるときが必ずある。

しかしそれでようやく頂上に辿り着き、やれやれと周囲を見渡した瞬間、その山の後ろにさらに別の山があって、自分が登りたかったのは実はそっちの山だったということに気づくかもしれない。そうしたらまた一からやり直しだ。

そういう試行錯誤を繰り返しながら、いつの間にか自分のやりたいことに近づいていくのである。

兎にも角にも、最初の一歩をまず踏み出すことだ。

その六　やりたい仕事にまっすぐ向かうべき?

やりたい仕事に最初から就くのがよいとはかぎらない。キャリアを急ぎすぎると、結果的に脆弱で幅の狭いキャリアになってしまいがちだからだ。

ところがそういうことがわからない学生は、遠回りせずに入りたい会社に入るほうが、万事無駄がなくていいと思っている節がある。

最近学生の間で人気の高い就職先に、コンサルティング会社があるが、私もよく学生から、コンサルタントになりたいのだが、どのコンサルティング会社がいいか教えてほしいという質問を受ける。

そういうとき私は必ず、君はコンサルタントになりたいのか、それともコンサルティング会社に入りたいのかどっちなんだと質すことにしている。

そうすると学生は、

「先生、それって同じことじゃないんですか」

と、皆一様に不思議そうな顔をする。

本気でコンサルタントをやりたい、それも自分の天職としたいというくらいの意気込みがある人なら、私はいきなりコンサルティング会社に入るより、むしろコンサルタントのクライアントになるような企業に入っていろいろな経験を積むことを勧める。

コンサルタント、とくに私のやってきた人事組織のコンサルタントという仕事は、コンサルティングをする側が、硬直したピラミッド組織の中で、創意工夫をしようにも旧態依然の勢力がそれを許さないところに、それでも何人かいる理解者を探し求め協力を仰ぎ、不条理や困難と戦ったという経験がないと、なかなか説得力のあるコンサルティングはできない。新卒で外資系のコンサルティング会社に入った、日本の組織が抱える問題を肌で感じたことのないコンサルタントが、問題の解決策を示してくれるとは私にはどうしても思えない。

その一方で、新卒でコンサルティング会社に入ることが、キャリア形成に役立つ人もいる。近い将来に起業を考えていたり、すでにそれに近いことをやっている学生アントレプレナー。彼らにとってコンサルティング会社は、格好の勉強の場だ。

若いうちから起業をめざすというのは、決して悪いことではないし、卒業したらサラリーマンになることに疑問を持たない学生に比べ、彼らはやる気もあるし進取の気性にも富んでいる。

ところが残念なことに、彼らには経験が足りない。自分たちの持っている知識や情報でできる範囲というと、インターネットを利用したバーチャルな世界か、就職ビジネスのような学生をターゲットにしたものというように、イメージできる業態や扱う商品がどうしてもかぎられてしまう。

しかしながら、アントレプレナーとして成功の可能性が高い分野というのは、学生がほとんど知らなかったり、興味を持たないような地味なところなのである。

こう考えると、アントレプレナーになりたい人は焦って学生のうちに、あるいは卒業してすぐ起業するより、コンサルティング会社でさまざまな業界、業種のクライアントと接したり、経営の視点を養ってからのほうがうまくいく確率は高いといえる。

コンサルタント会社というのはありがたいことに、入社してまだ日が浅いうちから企業のトップクラスに会えるし、そういう経営者レベルの人たちとまさに経営の話をするのだが、一般の会社なら四、五年働いても、なかなかそういう機会はないのが普通だ。もちろん最初はかなり勉強させられるし、かなり背伸びもしなければならないが、将来経営者になりたい人にとっては、そういう経験ができる貴重な場になること請け合いだ。

このように、やりたいことがある程度具体的に見えているからといって、そこにむかってまっしぐらに進むというのが、必ずしも最善の方法であるとはかぎらない。それよりもやりたいこととは違う分野で、意識してキャリアの幅を広げておくほうが、多くの場合本当にやりたい仕事に就いたときうまくいくのである。

私がコンサルタント会社に入りたいという学生に、君はコンサルタントになりたいのか、それともコンサルティング会社に入りたいのか必ず問い質すのはこのためだ。

再び私自身の話で恐縮だが、鉄道が好きだという理由で勘違いして入ってしまった当時の国鉄は、四二万人からなる巨大なピラミッド型組織だった。そこにはさまざまな不条理や理不尽が渦巻いていて、さらに強大な力を持つ労働組合と、それに対峙して経営改革を進めようとする経営側との対立もあり、まさに私は日本の重厚長大企業に内在する諸問題を、文字どおり日々肌で感じていた。その経験があるから、いま同じような諸問題を抱えた大組織の人たちの立場や気持ちが、私には皮膚感覚として理解できる。

またキャリア入社組のひとりとして、国鉄キャリア人事制度のなんたるかを体験してきたことが、現在の人事コンサルタントの仕事にどれだけ活きているか計り知れない。

国鉄を辞めてからも、無駄になったキャリアは一つもないと思っている。国鉄の次に勤めたマッキンゼーで、経営コンサルタントの視点を身に付けたおかげで、私はその後人事コンサルトを始める際、日本初の経営コンサルタント経験のある人事コンサルタントということで差別化を図ることができた。

マッキンゼーの後には、フランスのパリバ証券の関連会社で投資顧問をやったが、ここでは財務の基本的な知識と金融という組織の特殊性を学んだ。さらに日仏企業の比較を通してインターナショナルな視点を獲得し、それによって多極的な見方や複眼的思考ができるようになった。

このような多種多様な経験をしてきたからこそ、三〇代半ばで人事組織の問題に集中して取り組もうと思ったとき、自信を持って人事コンサルタントを名乗ることができたのである。

なにも私のようなやり方が唯一の正解だとは思わないし、人それぞれやり方はあると思うが、少なくとも私に関していえば、大学を卒業するときから人事コンサルタントというところに目標を絞っていたら、逆にいまのようになっていなかったのではないかと思う。

最初からこれしかないと決めてしまうと、多くは非常に線の細いキャリアができあがってしまう。めざすなら、厚みのある経験に裏打ちされた骨太のキャリアだろう。

その七　過去の経験を活かせる職業を選ぶべき?

学生でこういうことを気にする人はあまりいないと思うが、中高年の人だと、なんらかの事情で転職をしなければならなくなったとき、たいていはいままでやってきた仕事のノウハウなり知識なりを活かせるという基準で仕事を選ぶ人が多いようだ。

もちろんそうやって一つのスキルを深めていくというのも悪くはないが、いまのような変化の激しい時代だと、昨日まで貴重だったスキルが明日にはもう陳腐化していることも決して珍しくはない。

同じスキルや経験にこだわるというのは、非常に危険なのである。そうすると、過去の経験を活かせるというより、むしろ未来を切り開けるかどうかというところで、職業を選ぶべきなのではないだろうか。

言葉を換えればそれは、新しいことにチャレンジするということだ。転職なら、いまの仕事とはまるで縁のない業界の会社をあえて選んでみる。社内公募で新しい部署を希望する。なんでもいいから自分自身で新しい課題を定め、とにかくやってみる。

そうやって常に新しいことに挑戦し続けていれば、キャリアの幅も自ずと広がるし、特定のスキルの陳腐化を恐れる必要もなくなる。

中高年の雇用を促す謳い文句に、彼らには長い職業経験と、蓄積されたスキルがあるのだから、もっとそれを活用すべきだというのがあるが、これは基本が間違っている。彼らのキャリアが陳腐化してしまって、そのままでは活用しようにもその場所がないから余っているだけなのだ。

あるいは、あるスキルはたしかに有用なのだが、他のスキルを磨くことを怠ってきたため、いまいる組織以外ではそのスキルを活かしようがないというケースもある。

たとえば中国で、生産管理のスキルを持ったマネジャーが求められているとしよう。そのとき、日本で十分な実績があるからその人が使えるかといえば、そうとはかぎらない。向こうで彼の持っている専門的能力を十分発揮するには、高度なコミュニケーション・

スキルが必要になってくる。

ここでいうコミュニケーション・スキルというのは、言葉の問題だけではもちろんない。日本人と中国人では、思考特性も行動特性もまるで異なる。極端なことをいえば、日本人同士なら阿吽《あうん》の呼吸で済んでいた部分や、上司の命令だからとそれまでなら部下が黙って従ってくれていたところを、いちいち説明し納得させないと中国人は動かない。

専門性があって、なおかつ自分が伝えたいことを相手にちゃんと伝えられる。その両方ができないと、中国では仕事にならないのだ。ところが大企業の管理職というのは、概してこのコミュニケーション・スキルをスポイルされてしまっている人が多い。

先日、あるアウトプレイスメント会社の社長と話をする機会があった。アウトプレイスメントというのは、企業からリストラにあった社員の再就職を世話するのが仕事だ。こういうご時世なのでこの分野のニーズは多く、急成長している会社もいくつかある。

そういう会社を経営するひとりの社長と、ある雑誌で対談をしたのだが、彼がいうには、大手企業で管理職経験のある五〇歳前後の人の再就職を手伝うのは、ことのほかたいへんなのだそうだ。

理由をうかがってみると、そういう人たちは例外なく、自分はこれまでどれだけすごい仕事をやってきたか、どれだけ豊富な資格や人脈を持っているかということを長々と職務経歴書に書いてきて、とにかく自分のこの経験を活かせる再就職先じゃなければ嫌だというらしく、その社長が「それではなかなか仕事など見つかりませんよ、新しいキャリアにチャレンジしてみたらいかがですか」といっても、なにをいまさらという感じで、聞く耳を持たないからだそうだ。

「そこに書かれているスキルや資格が本当にそのまま活かせるんだったら、リストラなんかされていませんよ」

彼のいうことは至極もっともなのであって、とくに中高年はこの現実を真摯に受け止めないと、これから先のキャリアはやせ細っていくばかりである。

それに新しいキャリアにチャレンジするということは、過去の経験を無駄にすることでは決してないのだ。

先ほど申し上げたとおり、私がいまやっている人事コンサルタントの仕事には、国鉄やマッキンゼー、パリバ証券などで働いた過去の経験がすべて活かされている。それどころか、それらがあったおかげでいまの私の仕事に希少性、差別性を持たせることが可能になった。まさにいまの私の「オンリーワン・キャリア」は、一見関係のないような過去の仕事の集積の上に成り立っているのだといえる。

しかし当然のこととして、せっかくの過去の経験を活かすための合理的判断として、人事コンサルティングを選んだわけではない。やってみたら過去の経験が思わぬ形で行かせることに気づいたのだ。

とにかくいまの時代、すべてを合目的的に考えようとすると、キャリアがどんどんシュリンクしていくことは間違いない。過去の経験の延長にしか自分は生きられないと考えるのではなく、未来はもっと自由にデザインするべきだ。


多くの人が、いかにキャリアというものを誤解して捉えているかを、この章では見てきた。その根底には、変化が激しく先の読めない時代で、以前のように上昇志向をモチベーションにしていても、皆が幸せで充実したキャリアを築くのは難しいという現実がある。それでは、上昇志向によらないで、幸せになれるキャリアとはいったいどうやったらいいのであろうか。それが私の主張するスローキャリアだ。

スローキャリアとはなにか。上昇志向によるキャリアとどこが違うのか。そのあたりを、次章以降で詳しく見ていくことにしよう。

第二章

スローキャリアと
そうでないキャリア

成果に結びつく四つの能力

上昇志向による従来のキャリアと、そうでないスローキャリアを区別するには、まず仕事において役に立つ能力や資質というものを分類してみるのがいいだろう。

私は通常、仕事の成果に結び付く能力や資質を、次の四つに分けて考えることにしている。

一、スキル
二、頭のよさ
三、行動特性・思考特性
四、動機

ここでいう「スキル」というのは、専門性や職務上の経験、資格、技術や技能、語学力などのことである。また「頭のよさ」というのは、いわゆるＩＱ的なものを指している。

スキルと頭のよさという二つの能力には共通点がある。どちらも成果の必要条件であって、十分条件ではないということだ。

かつて私が所属していたマッキンゼーやワトソンワイアットというコンサルティング・ファームでは、採用の際にロジカル・シンキング・テストまたはクリティカル・シンキング・テストを実施していた。

どういうテストかというと、何の知識も事前準備もない状態で、事実が複雑に絡み合った非常に難解な問題をいきなり解かせるのだ。解答者はその絡んだ糸を一本一本ほぐして、正しい答えを論理的に導き出さねばならない。試験時間は二〜三時間、かなりの集中力が要求される。

これはその人がどこまで論理的思考に耐えられるかを測る、いってみれば頭のよさだけを見るためのテストなのだ。

このテストにはあらかじめ足切り点数が設定されていて、たとえばそれが七〇点だとしたら、七〇点に満たない人は、東大だろうがハーバードビジネススクールだろうが、一切採用しないということになっていた。

論理的思考能力がある一定基準を超えていないと、コンサルタントとして仕事ができないというのは、過去を見てもはっきりしており、その意味ではテストの点数とコンサルタントの資質や適性とはある意味相関関係があると、少なくとも私が在籍していた当時は考えられていた。

ところが入社後を見てみると、合格ラインぎりぎりで受かった人のほうがトップで入社した人より成績が上だというようなことは、実にしばしば起こった。早い話が、テストの点数がよいからといってコンサルタントとして優秀だというわけでは必ずしもなかったのだった。

つまりコンサルタントには、論理的思考ができる最低限の頭のよさは絶対に必要だが、頭がいい人ほど仕事ができるというわけではないのである。

おもしろいことに、これはスキルや知識に関しても同様のことがいえる。どんな分野でもそこで仕事の成果をあげるためには、スキルが一定レベルに達しているとか、十分な量の情報を持っていなければならないのはもちろんだが、スキルのレベルや知識の量が仕事の質を決めるのではないのだ。

何歳になってもスキルや知識は身に付く

一方で、ＩＱレベルの頭のよさというのは、生後三年くらいで確定してしまうようだが、スキルや知識は基本的にいくつになっても身に付けられるという点には注目したい。たとえば語学能力というのは、仕事で使う程度のものであれば、五〇、六〇代になっても修得するのは十分可能だ。

よく研修や講演などの折に、この世代の人と話すと、「まさかウチの会社にまでグローバル化の波が押し寄せてくるとは思いませんでした。こんなことなら若い頃からちゃんと英語を勉強しておけばよかった」などという発言が出てくるから、そのたびに私は「どうしてやっておけばよかったなどと過去完了形で話すんですか。いまからやればいいだけの話じゃないですか」と答えることにしている。

たとえばアメリカ人とビジネスをするとき、帰国子女のように流暢に英語を喋れば、仕事がスムーズにいくかといえば、そんなことはないのであって、重要なのはあくまで話の中身のほうなのである。むしろ英語だけうまくて話の中身がスカスカだと、それがストレートに相手に伝わってしまうのでかえって不利になったりすることだってあるのだ。

それよりも、論理的に話ができるのであれば、とつとつとしたしゃべり方でも十分仕事になるはずだ。

そういうふうに考えれば、自身の仕事の中身を英語で伝達する程度なら、六〇歳から勉強したって決して遅くはない。

それよりも私の経験からいえば、語学力を左右するのは、年齢ではなくコミュニケーションに対する欲求の強さの度合いだ。

こんな例がある。

流通業界で働くAさんは、学生時代から語学の勉強が大の苦手だったのに、三五歳でいきなり東アジアにおけるフランチャイジーの開拓を命じられてしまった。具体的には、台湾、タイ、韓国、中国を六ヵ月単位で回り、国ごとに流通業のビジネスパートナーを見つけて契約を結べというのがミッションだった。

語学が嫌いで、流通という非常にドメスティックな業界に身を置いて、これで一生日本人相手に日本語だけで仕事ができると思っていたのに、とんでもないことになったと彼も最初は会社の辞令を前に、本気で辞めることを考えたそうだ。が、それでもしぶしぶ赴任先であるタイに行ってみると、どうにかこうにか仕事をしながら、なんと六ヵ月で、日常会話レベルのタイ語をマスターしてしまった。

その勢いで彼は、結局七年間でタイ語、中国標準語、韓国語それに英語をマスターし、日本人の上司と現地のパートナーの間に入って通訳ができる程度の語学力を自分のものにしたのであった。

それにしても語学嫌いだったはずの彼が、いったいどうやって現地の言葉を勉強したのだろうか。

秘密は彼の行動特性にあった。

彼はもともと好奇心旺盛で、しかも食べることが好きだったので、食事は必ず現地スタッフと連れ立って、それこそ屋台のような地元の食堂で、土地の人が食べるのと同じ食事を好んで食べたのだそうだ。しかも食べながら、スタッフや店の人にも積極的に話しかける。たどたどしいながらも、異国人が自分たちの国の言葉で話しかけてくれれば、たいていの人は悪い気はしないから、向こうの人も喜んで会話の相手をしてくれる。そういう日々を過ごしているうちに、どこの国に行っても半年もすると、いつの間にか日常会話ぐらいはできるようになっているのである。

これが、もし「タイ料理はどうも口に合わない。辛すぎるしそれにあのパクチーのにおいはなんとかならないものか」などといって、食事となれば毎度日本人同士で日本食レストランに繰り出すような生活をしていたら、いくらテープやテキストで、あるいは語学学校に通うなどしてタイ語を熱心に学んでも、六ヵ月やそこらで言葉はものにならないだろう。

このように、短期間で必要最低限の語学力を身に付けられるかどうかは、その人の行動特性、思考特性に負うところが大きい。彼は最初、自分は語学が苦手だと思い込んでいたようだが、彼のように好奇心が旺盛で新しい環境を楽しめるという行動特性の持ち主は、その気になれば意外と苦もなく外国語を覚えてしまうのである。

このように、スキルというのはいまどれだけのものをその人が持っているかということより、そのスキルを獲得する行動特性、思考特性が彼にあるかということのほうが重要なのであって、現時点でのスキルの量や専門性の高さだけを見て人事政策を行なおうとするのは、肝腎な能力を見落としていることになる。

スキルより行動・思考特性のほうが重要

沖縄でたいへん成功している企業の一つに、ＣＳＫコミュニケーションズがある。インバウンドのコールセンターが主な業務だが、収益率が非常に高く、設立後わずか数年で従業員も三〇〇人を超えるまでに成長した。

沖縄は五年ほど前から、コールセンターの優遇制度というものを取り入れている。地元のコールセンターが大学の新卒学生を採用すると、その人件費の一部を県が負担してくれるのだ。

採用予算に余裕ができ、かつ家賃も安い沖縄で、ローコストオペレーションのインフラが作れる。以来、その制度を目当てに本土から、続々とコールセンターが進出してくるようになった。

だが、すべての進出企業が優遇制度の恩恵を受けて、成功を収めているわけではない。単に人件費が安いという理由で進出した企業の中には、失敗事例が少なくない。

CSKコミュニケーションズも、最初は採用でたいへん苦労したそうだ。

インバウンドのコールセンターというのは、消費者からかかってくる電話に応えるのが仕事である。一方テレ・セールスやテレ・マーケティングのように、こちらから相手に電話をかけるのがアウトバウンドで、一般にマニュアル通り話せばいいアウトバウンドより、さまざまな質問に答えなければならないインバウンドのほうが、従業員に要求されるレベルは高いといわれている。

インバウンド・コールセンターであるＣＳＫコミュニケーションズは、デルやマイクロソフトといった主に外資系のハード、ソフトの会社から発注を受け、カスタマーサポートの部分をアウトソーシングで請け負っている。

このとき社員であるオペレーターに必要な能力というのは二つ、ＩＴの専門知識とコミュニケーション能力である。どちらだけでもうまくいかない、両方が不可欠なのだ。

たとえばクレーム処理なら、専門知識だけあってもコミュニケーション能力が低いと、電話の相手を余計怒らせてしまいかねない。ちなみにＣＳＫコミュニケーションズ社内の調査だと、クレーム処理の電話応対は平均二五分かかるそうだ。しかしその中身はといえば、技術的な説明といった本質的な部分より、「お前、その言い方はないだろう」というような、オペレーターの応対のまずさから新たに発生した問題を処理するのに、大半の時間が使われていたそうである。

ただ幸いなことに、沖縄というのは他人に非常に親切にするという伝統があるところなので、応募者のコミュニケーション能力にはとくに問題はなかった。

問題は、専門知識にあったのである。

もちろん沖縄にもＳＥやプログラマーの資格を持った人はたくさんいるわけだが、そのような専門職を雇えるだけの給料をコールセンターでは払えない。給料に見合う人となると、パソコンをいじるのが趣味で、それなりにパソコンやITのこともわかる人ということになる。ところが沖縄というのはご存知のように、県民所得が日本一低く、逆に失業率は日本一高いところなので、パソコンの保有率も低く、一定レベル以上のIT知識を持っている人の数が少なかった。

もともとCSKコミュニケーションズではオペレーターの採用にあたり、全員に筆記試験を課していて、一〇〇点満点で七〇点が足切りラインなのだが、沖縄で試験をやってみると七〇点以上とれる人がほとんどいない。そこで合格のバーを下げて、なんとか三〇名を第一陣として採用し、東京で数ヵ月にわたる研修を受けさせた。

その結果どうなったかというと、なんと三〇名のうち二八名が退職してしまった。

沖縄というのは、どちらかといえばスローライフを好む人の比率が多いところなので、管理され尻を叩かれるような研修は馴染まなかったのだ。

普通であればここで暗礁に乗り上げてしまうのだが、CSKコミュニケーションズは違った。考え方をがらりと変えて、筆記試験を一次と二次の二回とし、一次試験の足切りラインを思い切って四〇点まで下げた。そして一次を通過した人には、二週間後にもう一度同じ分野の試験を行なうから、この本で勉強してきなさいとテキストを渡し、一次試験と比較して二次試験の点数がどれだけ伸びたかで合格を決めるというシステムに移行したのである。

それまでは、仕事を行なうのに十分な量の知識を持っている人という基準で選抜していたが、これを短期間に新しいことを自律的に学習する能力がある人という内容に変更した。

つまり採用基準を学力から行動・思考特性にシフトしたというわけだ。

この試みは功を奏した。彼らにオラクルやマイクロソフトの資格のようなスキルアップの目標を与え、なおかつそれらの資格を取得した人にインセンティブを付加するようにしたところ、彼らは意欲的に勉強に取り組み、短期間でどんどん資格やスキルを身に付けていった。その結果ＣＳＫコミュニケーションズは、有資格者数で東京などにまったく引けを取らない、全国有数のコールセンターになったのである。

高齢者のキャリアチェンジは、行動・思考特性を変えることによって可能になる

私の知っている会社に、五〇歳以上の従業員を対象に、職務転換教育を三ヵ月やったところがあったが、成功率は一〇％に満たなかったという。

一方で、工場を閉鎖したときに、そこで働いていた三〇代が中心のラインのワーカーの人たちを、なんとかプログラマーに変えようと徹底的に教育を行なった会社では、半数以上がプログラマーへの職務転換に成功したそうだ。

この結果を見ても従来であれば、歳をとるほど新しいことに適応できなくなると、単純に判断されていたに違いない。

ところがそうではないのだ。高齢者が新しいことに適応できないのは、年齢によって頭がかたくなるのではなく、職務転換を自ら受け入れよう、起こそうという行動、思考特性がなくなってくるからなのだ。

実際、先に例にあげた会社の例では、それまでエンジニアだった五〇代の人を財務・人事スタッフに職種転換しようと、三ヵ月間の集中教育を施したのだが、研修中ずっと、腕を組んだままただ天井を見上げているだけの人が何人もいたそうだ。

彼らの言い分というのはこうだ。自分たちは技術屋としてこれまでずっと、特定分野のスキルを積み上げてきた。それは会社の都合でそうしてきたのだから、いまさらそのスキルは必要ないといわれても、それは会社の責任でなんとかすべきであって、自分たちにいまから新しいことをやれというのはお門違いだ。

そういって研修を拒否する人が多かったというのが、わずか一割の人しかキャリアチェンジに成功しなかった理由だ。

これはまさに、歳をとって学ぶ能力が落ちているということ以前に、高齢になるほど新しいことを学ぼうという前向きな気持ちや柔軟な発想がなくなって、過去に生きようとする人が増加するということを端的に表している。

本人に学ぶ気がなければ、会社がどんなに丁寧に指導しようと職種転換などできるわけがないのだ。とくに日本人の場合、過去の経験を無駄にしたくないという気持ちが強いので、歳をとるほど新しいことを勉強しようとする行動・思考特性が失われる傾向は強いようだ。

そうすると高齢者のキャリア開発を考える場合、新しいことを厭わない行動・思考特性に彼らを変えることがまず先に来る。そしてこれは、本人に変えるのだという意志があれば、何歳になっても可能だ。ただし若い人に比べ時間はかかるのは仕方がない。

リーダーシップの中核にくる行動・思考特性

頭がいいとか、知識があることと、リーダーシップは関係がない。リーダーシップがあるかどうかは、その人の行動・思考特性による。

リーダーシップとはなにかといえば、普通は人を動かす能力だと考えられがちだが、実はそれよりも特徴的なのは、仕事を思いつく能力だ。リーダーというのは、まさに仕事を作るのが仕事なのである。

たとえば中間管理職なら、組織の上から降りてきた仕事を分解して、うまく部下に割り振って仕事をさせることができる人が、マネジメント能力があるということになるが、リーダーは自身がやるべきことを思いつき実行していくことが求められる。

このようにやるべき仕事をつくりだすリーダーの能力を、私は『WHAT構築能力』と呼んでいる。多くの人はこれを、WHATではなくHOW、つまりなにをすべきかでなくどうやるべきかを考えるのがリーダーだと勘違いしている。

WHATに気がつくかどうかは、まさにその人の行動・思考特性による。常にいまなにが問題なのかを考える習慣があり、問題解決のためにこれに取り組もうということを思いつく。あるいは、いわれたことにそのまま従うのではなく、そこに必ず自分の創意工夫を付け加える。こういうことができるというのは、行動・思考特性の結果であって、知識や頭の良し悪しがそうさせるわけではない。

しかも知識やスキルというのはインプットで身に付けるしかないが、行動・思考特性というのはアウトプットすることで強化される。言い換えれば、その能力を実際に発揮してみる以外には自分のものにならないのだ。ということは、リーダーシップという行動・思考特性をこれから手に入れるのであれば、古い刷り込みが少ない若者ほど有利だといえる。

またリーダーシップというのは、権力や権限に頼らず、納得させることで人を動かす能力であるから、リーダーたる行動・思考特性の持ち主でありさえすれば、若くても組織の中でリーダーシップを発揮することは十分可能だ。

ＣＣＬ（Center for Creative Leadership）という、アメリカのノースカロライナ州に本部があるＮＰＯでは、長年にわたりリーダーシップに関する研究を行なっているが、ここが開発し提供しているリーダーシップ教育プログラムは、いまアメリカでもっとも人気が高い。

この組織の調査報告の中で、リーダーとして成長し成功した人達が、若いころ自らのリーダーシップを強化する上で役に立った経験の一覧というのがある。その中に社員旅行の幹事をやるというのがある。

実際私の知っている会社でも、社員旅行の幹事を新入社員にやらせるのを恒例としているところがある。

幹事の仕事はなにかといえば、それは旅行全体を仕切ることだ。肩書きがあったり序列が上の人間なら、命令一つで人は動くかもしれないが、もちろん新入社員にそんなものはない。上司や先輩社員を仕切るためには、きちんと話し、納得してもらう以外にない。まさにリーダーシップを鍛えるのに、社内旅行というのはうってつけというわけだ。

新入社員のうちから会議で発言させるというのも、有効なリーダーシップ教育だ。発言しなければ会議に参加している意味はないし、会社に貢献していることにならないということを、入社後徹底的に教え込まれた人と、発言もせず、資料の端にいたずら書きをしてなんとなく会議をやり過ごしてきた人とでは、三年間で行動・思考特性に大きな差がつくのは間違いない。

そういう意味で、会議の席で自分の考えをまとめ、他の出席者にわかってもらうというのは、ミニリーダーシップ体験といえよう。

　リーダーシップという能力を考える上で、一つ誤解しないようにしてほしいことがある。リーダーシップという能力は、ビジネスリーダーや社長などの部下を持つ組織の長のみに必要とされるという誤解だ。リーダー人材に求められる能力がリーダーシップだけでないように、リーダーシップはリーダー人材だけに求められる能力ではない。リーダーシップという能力は、たとえばソリューション型営業において、顧客をリードし、顧客の問題解決を行なう場合、部下ではない、自分のいうことに従う必然性のない顧客に対しての、本来の意味でのリーダーシップが必要になる。また社内横断型のプロジェクトリーダーという時限的役割では、自身の部下ではない人々を、共通の目的のためにまとめなければいけないので、固定的組織の長よりよほど高度なリーダーシップが必要だ。また長期的組織ロイヤルティーを前提とした正社員の部下は持たないが、契約社員や派遣社員をマネジメントしなければいけない場合、よほどこちらのほうがリーダーシップが必要かもしれない。ビジネスリーダーやアントレプレナーをめざさない、スローキャリアの場合でも、ある意味でのリーダーシップが重要になることは十分ありえるのだ。

動機がドライブする行動・思考特性

ある状況において人がどういう行動をとるかは、「こうしろ」と命令されたから、「こうしないと損をする」と判断したからという外からのインプットにも影響されるが、結局は自らが「こうしたい」という内なる声によりドライブされていることが多いと考えられる。つまり行動・思考特性は、内側からのドライブによって強く影響されているということだ。このような内側からのドライブのことを動機という。

人に内側から行動を起こさせる動機というのは、文字通り人それぞれだが、自我が形成される若い頃に固まって、成人を過ぎるとそれほど大きくは変わらないと考えられている。

行動・思考特性は、それを動機がドライブしていればいるほど強く働く。この行動・思考特性は成果に直接結びつく能力であるから、動機と行動・思考特性をマッチさせることが、仕事においては重要になってくる。

その人がどんな動機を持っていたとしても、それを発揮するチャンスに恵まれなければ、それが行動・思考特性として表面化しない。動機というのはあくまでポテンシャルなのである。

人と仲よくしたいというドライブを社交動機と呼ぶ。この社交動機を持っている人に、人と接することがあまりない、単独で完結する仕事をやらせていても、人脈を作るという行動・思考特性は高まらない。またそういう人にとってみれば、単独で行なう仕事というのは動機を殺さなければならないので、長く続けていると苦痛になってくる。だからひとりで黙々とこなすような仕事なら、それを苦痛に感じない社交動機の低い人に任せるほうが本人はずっと健全に仕事ができる。

一方社交動機が強くても、実際パーティに参加したことがなければ、そこでどういうふうに振舞ったらいいかがわからないから、パーティで人と仲よくなるというスキルは身につかない。ところがこういう人に、パーティに参加する機会をしばしば与えると、すぐに行動・思考特性がプラスに作用し、パーティで存在感を示すようになるはずだ。

それでは動機のないことは、能力として発揮できないのだろうか。

そんなことはない。

もともと動機があれば、その能力は磨く機会あるいは発揮するチャンスを与えるだけで伸びていくし、本人も楽しく伸ばすことができる。一方動機のないことであっても、意志と努力さえあれば、ある程度能力をつくることはできるのである。

ただしこの場合気をつけなければいけないのは、バーンアウトだ。動機にない能力ばかり要求し続けていると、努力で対応できているうちはいいが、そのうち本人の精神が疲弊し燃え尽きてしまう可能性があるので、注意する必要がある。

だがそうはいっても、すべての人が自分の動機と寸分違わない仕事に就けるわけではない。自分の動機に合わないことは一切やりたくないというのであれば、その人は芸術家かそうでなければ仙人にでもなる以外ないのであって、少なくともビジネスの世界では、動機に合う能力だけを発揮するというのはあまりに現実的でない。

動機が低いときはレベル三の能力をめざす

ある仕事において、成果をあげるためには八つの能力が必要だとしよう。このとき八つ全部が自分の行動・思考特性に合致しているとはまず考えられない。そうしたら、動機のあるなしにかかわらず、すべてにおいて五段階で三のレベルの能力を発揮することをめざすのが重要である。

パーティに参加する機会の多い営業職の場合、社交動機が低く、パーティではいつも壁の花になってしまう人だと、パーティなんかで世間話をしたところで、そんなもの仕事に結びつくものか、こんなパーティ時間の無駄だと、うまく振舞えない自分の行動を正当化するほうに神経を使いがちだが、これでは三のレベルの能力すら発揮できない。

こういう人は自分の与えられた状況を客観的に見て、パーティではどのような能力を求められているのかを理性的に判断することだ。そうして納得できれば、愚痴を並べ立てているより、「パーティ会話集」のような本を買って努力してみる。そうすれば三のレベルくらいの能力は獲得できるはずだ。

その代わり、八つのうちで自分の動機に合った最低二つに関しては、四から五のレベルの能力を目標とするのである。

つまり仕事で必要とされている能力のうち、もともと自分の動機にないものは、意志と努力で最低必要なことはできるようにしておいて、動機の高い「勝負能力」で個性を発揮し差別化を図るという戦略を立てるのだ。

それにまた、新しいことにチャレンジし続けることで、それまで自覚していなかった自分の意外な側面が見えてくることもある。そうやって勝負能力のリストを増やしていくという手もある。

いま私は人前で喋るのは苦にならないし、むしろそれを楽しめるほうだが、自分にそういう適性があるということは、実はコンサルタントになって初めてわかったことなのだ。

おそらく誰にも、これまでそれを仕事に活かす場がなかったという理由で、自分でも気づかなかった動機というのはあるはずである。そういうポテンシャルを人は持っているのだ。

ところが、あまり若いうちから一つの仕事、一つのやり方に固執してしまうと、せっかくのポテンシャルを埋もれたままにしてしまうおそれがある。逆に突然花が咲いたように、ある年齢から急に化ける人がいるが、そういう人はこれまでと違う仕事のようなチャンスを与えられるなどして、それまで眠っていた、まさに動機に裏打ちされた勝負能力が目覚めたのだと思う。目覚めるタイミングがたまたま他人より遅かっただけなのだ。

動機を活かすバランス感覚とセルフマネジメント

動機にないことをずっとしていると、バーンアウトという危険があるが、動機の高いこ好きなことばかりすることも、別の意味で危険度が上がる。好きな動機に偏りすぎると、他の動機とのバランスが崩れ、単なるわがままな人というふうになってしまう可能性が出てくる。

新しいことを考え、リスクをとって新しいことに挑戦するのが好きだという新規リスク志向というのは、どんな仕事にも必要な行動・思考特性であるが、一方でものごとを慎重に考えたいという動機がドライブする慎重性というものもある。この慎重性をきわめて低く抑え、新規リスク志向だけで仕事を進めようとすれば、その仕事はかなりの確率で失敗するだろうことは想像に難くない。

動機にはバランス感覚が必要だ。

自分の勝負能力を最大限発揮するためには、動機の高いことばかりにこだわるのではなく、その対極にある、自分にとっては低い動機もないがしろにしないで意志と努力でレベルを引き上げる。そうやって全体としてのバランスを保つことが、仕事をするうえでは重要なことなのだ。

それから動機の発揮の仕方が未成熟だったり、ネガティブサイドに行ってしまったりすると、せっかくの動機をうまく使えないことになる。

たとえば勝負の勝ち負けにこだわる、勝ちたいという動機が健全な方向に出れば、闘争心を持ったいいリーダーとして結果に表れるが、不健全ないわゆるネガティブサイドに行ってしまうと、復讐心のような望ましくない形となってしまいかねないということだ。

あるいはそれが、他人から感謝されたいというような、一見なんの問題もなさそうな動機であっても、やはりネガティブサイドに行くと、感謝されたいという気持ちを満たすために嘘をついたり、偽善的な行動をとったりするということは十分ありえる。

このような独り善がりやネガティブサイドを避けるには、動機と行動を意識してマネジメントするセルフマネジメント能力を身に付けなければならない。この能力は動機をうまく使えず失敗や後悔を経験したら、再び同じ失敗を繰り返さないよう学習することによって獲得することができる。

自分の動機を知る

自分の動機を客観的に知るにはいくつか方法がある。

まず、動機をアセスメントするツールを使うことが考えられる。有名なところでは、アメリカの人材評価コンサルティング会社であるキャリパーの指標や、ＭＢＴＩ（マイヤーズ・ブリック・タイプ・インジケーター）、あるいは人間の性格を9つのタイプに分類するエニアグラムなどがあるが、いずれも前著『キャリアショック』（東洋経済新報社）で詳しく説明しているので、内容を知りたい人はそちらを参考にしていただくといいだろう。

とくにエニアグラムやMBTIは個人でも比較的使いやすいので、夫婦でお互いのパーソナリティを知るためにも利用できる。

余談だが、家庭というのは職場と違って達成すべき具体的な目標があるわけではないので、個人の動機がストレートに行動に出る。相手がなぜそういうことをするのかがわからないと、感情的な衝突が起こりがちなので、このようなアセスメントツールを使って、自分のパートナーの行動の動機を知っておけば、無用なケンカを避けることができるのである。

またこれ以外には、ハーマンモデルと呼ばれる脳の機能の使い方でタイプを分けるものなどもあるが、いずれにしても、一度本格的なアセスメントを受けてみて、自分の動機を知っておくことは、やっておいてもいいだろう。

それから、自分の過去やキャリアを振り返り、充実感や逆に違和感を覚えたこと、あるいは大切だと思う事柄などを言葉にしてみるというのも、自分の動機を知るきっかけになる。

たとえば「打ち負かす」という言葉に非常に強く惹かれるということがわかったら、自分は上昇志向という動機が強いと判断できる。「感謝される」「理解する」という言葉は親和的な動機に、「分析する」「計画する」ならプロセス的な動機の持ち主だという具合だ。

ただし、必要以上に自己実現や自己理解という心理的な言葉に囚われて、内省的になってしまうと、いわゆる考えすぎて動けないという状態になってしまうことがあるが、こうなると逆効果だ。

真の自分というものがあって、完璧に理解しようなどと思う必要はなく、そもそもそんなことはできるわけがない。アセスメントや過去の分析はあくまで一つのきっかけであり、大事なのは自分の動機が気持ちよく発揮できて、それが仕事の成果や貢献に結びつくスタイルを発見し強化していくこと、そういう自律的な創意工夫なのだということを見失わないでいていただきたい。

スキル勝負の物知りキャリアの落とし穴

日本ではスキルや専門性の積み上げがキャリアになると長い間思われてきた節がある。とくにジェネラリストと専門職という分け方をした場合、専門職のキャリアというのはスキルや技能の積み上げだと定義されてきた。

ところが、この専門性や長い経験がキャリアになるという考え方には落とし穴がある。スキルというのは陳腐化も激しいし、それに物知りだから成果を出せるという保証はないのである。

キャリアデザイン研修やキャリアプラン研修の中には、いまだに過去のスキルを棚卸ししてこれを活用する形で次のキャリアをデザインしたりプランニングしたりさせるものが少なからず存在する。

たとえば素晴らしいスキルを持った技術者でも、きちんとコミュニケーションができないようでは、怖くて顧客の前に出せないので成果には結びつかない。

あるいは私の習った大学教授に、数学の授業時間をすべて使って難解な定義の証明を黙々と黒板に書き、授業の終わりに「まあ君らには、わからんだろうな」といって帰っていく人がいたが、いま考えるとこの教授には知識はあったが、それを価値に変える能力は残念ながら皆無だったということになる。

成果を出すためには、知識やスキルだけあってもダメなのであって、その先に行動・思考特性が必要になる。それがないと単に自己満足的なキャリアに堕してしまう。

私がマッキンゼーに在籍していたとき、よく使われていた言葉に〝So What?〟というフレーズがある。ブレーンストーミングなどで、新しい知識や分析結果を発表すると、先輩やパートナーからすぐに〝So What?〟と聞かれる。これに答えられないと、その分析は無価値のらく印を押される。

つまりこれは、その知識や分析結果がクライアントにとって、どういう価値を持つのか説明せよということで、裏を返せばそれが価値に変わらないかぎり、どんな知識も分析結果も無用の長物だということなのだ。

マッキンゼーのようなコンサルティング会社というのは、売上のノルマや数値目標があるわけではない。作成したメッセージやレポートが、クライアントにとってどれだけの価値を持つかが問われる、いってみれば価値合理的なきわめて成果志向の高い組織である。単純な数値目標ではなく、価値合理性をとことん追求するカルチャーが、〝So What?〟

というフレーズを生んだのである。

コンサルタントの仕事を、知識の切り売りだと思っている人も多いが、知識そのものが価値に変わるという部分は非常に少なくなっている。いまコンサルタントの価値といえば、それは問題解決にほかならない。だから、知識を価値に変える行動・思考特性がないと、知識を仕入れたいという動機だけでキャリアをドライブしていっても、あるいはせっかく長い経験と知識があるので、それを活用しようとしても、いいコンサルタントにはなれないのである。

頭のよさで勝負しようとするエリートキャリアの落とし穴

頭のよさだけでキャリアをつくっていこうとする人をよく見かけるが、彼らの欠点というのは評論家になってしまうということだ。

たとえばこういう上司は、部下から上がってきた提案を見ると、真っ先に弱点を論理的に指摘して却下しようとする。こうやって自分は頭が切れるのだということをアピールするのが仕事だと思っているのだが、自ら仕事をつくっているわけではないということに気づいていない。

こういう人は官庁などにことのほか多く見られるが、まさしく官庁のキャリア制度のような入口エリート選抜方式の弊害だというしかない。つまり入庁の段階で、学校の偏差値とテストの成績で、エリートとそうでない人を分けてしまうのだ。

ところが偏差値やテストの点数で計れるのは、頭のよさの中でも論理的思考能力、ロジカルシンキングだけで、論理を超えてクリエイティブなものを考え出すクリエイティブシンキングという面の頭のよさのほうは、偏差値やテストの点数と相関関係は小さいのである。

したがって、入口で選抜をしてしまうということは、人間の能力の中からロジカルシンキングだけをピックアップしてキャリアを決めてしまうということなのだ。

仕事で成果を出すには、動機に裏打ちされた行動・思考特性を活用できるほうがいいのであって、二〇代のまだ柔軟なうちに鍛えれば、そうなることは十分可能であるのに、入口しか見なければ、評論家的な、悪い意味でのジェネラリスト的幹部ばかり育ってしまうのも無理はない。

評論家というのはある程度の客観的判断はできるが、それを越えてクリエイティブにものを考え推進していくという行動・思考特性がない。そういう人たちが、官庁や大企業の上にはたくさんいるのである。

昔ある有名企業の人事担当者と話をしたときに、ほとんどの社員が出世も昇給もほぼ同じペースで上がっていくと聞いて、なんでそこまで年功序列を徹底するのかと質問したところ、彼は「ウチの社員は全員優秀だからです」とこともなげに答えた。

たしかにロジカルシンキング的な意味で、その会社の社員はみな優秀だったのかもしれない。そしてもう一つ、有名大学卒業のエリートとそうでないエリートとで構成される雇用の重層構造がそれを可能にしてきたのは間違いない。ひとことでいえば、上に行くほど頭がいい人間が選ばれるという共通認識があったのである。

ところがいま、そのやりかたはすでに通用しなくなった。成果が出ず変革が急務なのに、ちっとも変わろうとしない企業というのは、いまだに頭がいいだけの人が役員をやっているからではないだろうか。

頭のよさをいちばんのドライブにしている人、つまり自分は頭がいいと思っている人は、人の仕事を評論したり、大所高所から判断するのが仕事だと思いがちだが、自らが何かを生み出さなければ単なる評論家と変わりないことをぜひおぼえておいてほしい。

上昇志向型動機によりドライブされるアチーバー型キャリア

動機の分類の仕方にはいろいろあるが、キャリアを上昇志向型とスローキャリア型に分類するとすれば、その動機を次のように分けて考えるとわかりやすい。

一つは仕事に関する動機。もう一つは対人関係に関する動機。

このうち仕事に関する動機は、さらに目的合理的な動機とプロセス的な動機に分けられる。

この中で、仕事に関する動機の中の目的合理的な動機がもっとも強い場合、それを上昇志向型動機と言い換えることができる。そしてこの上昇志向型動機によってドライブされるキャリアを、アチーバー型キャリアと呼ぶ。

よってアチーバー型キャリアというのは、達成志向、上昇志向が非常に強いキャリアであるといえる。一方この場合、プロセスはあくまで目標達成のための手段に過ぎない。どういうやり方をするかより、そのプロセスの結果としてなにかを達成することのほうが、このタイプにとっては重要なのである。

また、一口に上昇志向といってもいろいろなタイプがある。

上昇志向型動機は強いが、なんでも自分で決めたいという自律志向はそれほど高くはないという人だと、社内出世で上昇志向を満たすことをまず考える。これに対し上昇志向に加えて自律志向がある程度高い人は、自分のキャリア目標を実現するために会社を次々と踏み台にして昇っていくジョブホッパー型キャリアをとる場合が多い。強い上昇志向に加えてもっと自律志向が強くなると、自分で会社をつくって大きくするアントレプレナーが向いているということになる。

さらに、上昇志向型動機もまた、ドライブの種類によっていくつかに分けられる。まず支配欲、影響欲が強く出るタイプ。

周りの人を思うように動かしたいという達成動機が強い人がこれで、いい方向に出ると自分の部下は俺が守る、絶対にリストラはしないという親分肌の経営者になったりする。あるいはまた、世の中を変えたい、変えるのが自分のミッションだと思っているような経営者というのは、影響欲が強く作用しているといえよう。日本を変革するために起業し、成長をめざすという、使命感にあふれたアントレプレナーは、この国にぜひ必要な人材タイプだ。この支配欲、影響欲が悪いほうに出ると、いうことを聞かない部下を怒鳴りつけたりするようになるが、こうなると周りからはいい情報しか入ってこなくなり、いつの間にか裸の王様になってしまうという危険がある。

次が、賞賛欲が強く出るタイプ。

一番になってみんなからすごいといわれることがドライブになっている人がそうで、芸能界やタレントに多い。経営者だと新しいビジョンをぶちあげてみんなからすごいと拍手されるとか、世界に冠たる経営者になるということがドライブになる。ところがこのタイプは、悪いほうが出ると、負けたり格好の悪い自分が大嫌いなので、実体もないのに派手なビジョンを示したりとウケ狙いに走りがちだが、あまり地に足が着いていない発言ばかり繰り返していると、部下や組織がついてこなくなる。

それから、闘争心の強く出るタイプ。

ある雑誌のインタビューで、ビジネスリーダーの育成について聞かれた著名な経営者が、「経営者に求められる最も重要な資質は闘争心である」と答えていた。彼が会社の経営を闘いと思っているのは間違いない。つまり彼は闘争心をドライブとしてビジネスに臨んでいるのだ。このタイプが相手を徹底的に打ち負かしたいというドライブでのめり込んでいく格闘家やチェスのチャンピオンのような、日々勝負に生きる人に多いのはいうまでもない。ただし闘争心があまりに暴走すると、ネガティブな方向に行った場合、復讐心という望ましくない形に変わる恐れがある。また経営者だと、常に競争相手を想定しないと燃えない、仮想敵国型の経営に偏りすぎる可能性がある。

最後に、目標達成意識の強い求道者タイプ。

高い目標を掲げて、そこに到達するために黙々と努力することに喜びを感じるタイプ。ある種の完全主義者で、イチローのようなトップアスリートに多く見られ、組織のリーダーとしても成功する確率が高い。その一方で、このドライブがあまり極端に過ぎると、常時眉間に皺を寄せ、人にも同じことを求める偏屈な人間になってしまう。

アチーバー型キャリアの落とし穴

サクセスストーリーに取り上げられるようなスポーツ選手、タレントあるいは創業経営者たちは、成功の理由にたいてい夢や明確な目標、困難にも負けない精神力などをあげる。

おそらく彼らは、人生には目標があってしかるべしという考え方に疑問を持っていない。だがそんな彼らの話を聞いて、彼らのような強い上昇志向がないのはダメ人間なんだと落ち込む必要はない。

彼らにはもともと上昇したいという強い動機があった、そういう自分とは異なるタイプの人間だと思えばいいのだ。

「自分の人生は自分でコントロールせよ、さもないと他人にコントロールされる」というジャック・ウェルチの言葉に代表されるように、アメリカというのは、人生やキャリアに明確な目標を持ち、それに向けて目的合理的に人生をコントロールすべきというプレッシャーが非常に強い国である。しかしながらそのアメリカでも、目標に向かって突き進むということが、変化の激しい現実にそぐわないという意見が出てきている。

その最たる例が、一九九九年にアメリカのカウンセリング学会誌等に発表された、クランボルツ博士のプランド・ハップンスタンス・セオリー（Planned Happenstance Theory）という論文だ。博士はこの論文の中で、人間のキャリアの八〇％以上は偶然の出来事によって左右されていると主張している。つまりキャリアを計画的につくりこむことはできないということだ。

私がアメリカでクランボルツ博士にお会いしたとき、彼はこんなことをいっていた。

博士が教鞭をとるスタンフォード大学に、当時の大統領であるクリントンの娘が入学し、大学ではなにを勉強し将来どんなキャリアに就くのかという報道陣の質問に、彼女は整然と答えたそうだが、思い込みも甚だしいと。

スタンフォード大学の学生は、四年間の在学中に平均して二回以上専攻を変える、しかも入学したばかりでまだガイダンスもろくに受けていない人間が、なぜ遠い将来のキャリアまで語れるのか。ところがマスコミには、大統領の娘たるもの、明確な目的意識に裏付けられた人生の目標があってしかるべきだという前提があるから、彼女もそのプレッシャーに応えるべく、わかったような話をしなければならないというわけだ。このようにアメリカは、目的意識を持って生きなければならないという社会的圧力が強い。そういう中で肩身の狭い思いをしている人たちを解放するために、博士はプランド・ハップンスタンス・セオリーを考え出したのだそうだ。

彼はまた、「決められない人間を、優柔不断といってはいけない。オープン・マインドと呼ぶべきだ」ともいっていた。

ところで上昇志向の強い人に、弱みはないのだろうか。そんなことはないのである。上昇したいという動機は強い意志をもってコントロールしないと暴走する可能性があって、それが支配欲型なら裸の王様、賞賛欲型なら単なる目立ちたがり屋という話はすでにした。

動機が強ければ強いほど、それがネガティブサイドに行くと大きな問題を引き起こす。私はそれを『ダースベーダー化現象』と呼んでいる。

ダースベーダーとはいうまでもなく、映画『スターウォーズ』の悪のキャラクターだが、生まれながらに悪者だったわけではない。もともと持っていたフォースという強い力を、ジェダイの騎士として正しい道で使う訓練が不十分で、憎しみや怒りというネガティブサイドに使われてしまった結果なのだ。

とくに日本の場合、エリート教育が徹底していないのでこういうことが起きやすい。強い上昇志向を持った人が会社を私物化するなどは、ダースベーダー化現象の典型だ。

だから自分は上昇志向ではないという人が、上昇志向の人のやり方に無理やり合わせる必要はもちろんないが、そういう人たちもエリート教育の重要性は認めるべきなのである。さもないと皆がえらい迷惑を被ることになる。

上昇志向でない動機によってドライブされるのがスローキャリア

非上昇志向型の動機には、対人系の動機として、社交動機（人と仲よくしたい）、理解共感動機（人を理解してあげたい）、感謝動機（人から感謝されたい）などがあるだろう。また仕事の動機ではプロセス型の動機である自律または自己管理動機（自分で決めたい）、抽象概念思考動機（抽象的概念的なことを考えるのが好き）、徹底動機（細部まで徹底してこだわるのが好き）などが、上昇志向以外の動機として考えられる。

このような上昇志向でない動機を中心に活用して、あらかじめ達成すべき目標があるのではなく、自分のポリシーや価値観に従って、対人関係を含めた仕事のプロセスにのめり込みながら、自分で自分の人生をマネジメントしながら日々生きていき、振り返ったとき、結果として後ろにキャリアができているというのがスローキャリアなのである。

このとき重要なのは、バランスである。

たとえば自己主張と柔軟性。自分のポリシーはこうだと主張するだけでは単なるわがままか頑固者だし、それでは変化する日常に適応することもできない。かといって流されるままの人生がいいわけではない。どこまで自己主張するか、どれだけ柔軟に対処するか、そのあたりのバランスは考えなければならない。

また上昇思考動機の暴走が、ダースベーダー化をもたらすのと同じように、対人関係動機のみに依拠し、仕事上の成果志向性が低すぎると、単なる「良い人」で終わってしまう可能性がある。職場には成果は出さないが潤滑材のような人が必要だという意見もあろうが、そんな人が多すぎてはやはり組織はもたない。キャリアではなく日々の仕事の中での価値合理的成果志向性は、バランスを取る上で一定レベル必要だろう。

一方、プロセス系の動機のみに頼りすぎると、単なる「オタク」になる危険性がある。顧客にとって何の価値にもならないことにあまりこだわっても、組織としては困るだろう。ここでも健全な顧客志向性や価値合理性とのバランスが必要になる。スローキャリアの人達が、ビジネスの世界で生きていこうとすれば意識しなければならないポイントだろう。

要するに、思考と行動においてバランスをとることが大事なのであって、ただ好き勝手に生きることがスローキャリアではないのである。

動機によりドライブされない仕事でキャリアはできるか

「私は仕事が動機に合っているかなど気にしません。自己主張もしません。いわれたことだけをきちんとやりますから、この会社で一生面倒見てください」

かつてはこういう組織依存型サラリーマンでも、十分に生きていけた。それを許容する余裕が社会にもあった。

ところが社会全体にその余裕がなくなるにつれ、会社も従業員に、自らファイティングポーズをとれ、自律的に創意工夫をして成果を出せと、単なる組織依存型サラリーマンを許さなくなってきた。

そうすると、社員になっても組織依存ができないのなら、フリーターになって気楽にいくかという人も出てくる。

以前、法政大学で行なわれたアンケートによると、調査した東京六大学の学生のうち約四〇%が、組織に入って長期安定を望むという結果だったという。これは自らの努力でキャリアを切り開いていきたい、あるいは将来ぜひ独立や起業をしたいという学生より多い数字である。これを見て、やはり日本人には自律が合わないのだといってしまうのは簡単だが、おもしろいのは同じアンケートで明らかになった、勉強時間との相関関係だ。

長期安定を希望する学生は、自らのキャリア派や起業派の学生に比べ、明らかに普段の勉強時間が少なかったそうだ。つまり、自ら学ぶという行動・思考特性の低い人ほど、長期安定雇用を求めていたのである。

おそらく昔からそういう考えの学生は、一定の割合で存在していたはずである。ところがいまは、そういう人が組織で一生依存して生きることが許されなくなったので、しかたなくフリーターになっていると考えることもできるかもしれない。

それではこのフリーターのような生き方というのは、果たしてキャリアになるのだろうか。

いまフリーターの平均年収は一四〇万円程度である。一見少ないようだが、家と食事を親が面倒見てくれるのなら、一四〇万円のほとんどは可処分所得になるのだから、十分過ぎる金額といえる。では一生年収は一四〇万円で楽しく生きていけるかといえば、それはかなり疑わしいといわざるをえない。親はやがて年老いて、経済的な援助は早晩断たれるだろうし、結婚や出産、子育てということも避けては通れない。

しかしフリーターの問題というのは、なにも経済的なものだけではなく、むしろ人生において時間的にかなりのウェイトを占める仕事という部分で、充実感を得られないというところにあるような気がする。

これは上昇志向であるか、スローキャリアであるかにかかわらず、動機にドライブされて、やりがいを感じながら働くことができない人生というのは不幸であり、そういう人が増えれば社会からは活力が確実に失われる。もちろん企業の生産力も低下する。

かつての日本は、親が大工なら子も大工というように、親の職業を代々引き継ぐのが普通だった。つまり職業が財産だったのである。ところが戦後は職業に代わって、安定した雇用が財産になり、そしていまはキャリアが財産なのである。

ところが動機にドライブされない作業をこなすことだけ続けていても、キャリアという財産は永遠に築けない。

上昇志向や達成志向を前提に、頑張って出世すればいい思い、いい生活ができるというやり方が機能しなくなって終身雇用が崩壊したというのに、相変わらずその前提が変わらないからジョブホッパーやアントレプレナーばかりが賞賛される。あるいは高い目標を定め達成したスポーツ選手や経営者の生き方ばかりがスポットライトを浴びる。

しかしながら、上昇志向を持たない、それ以外の動機をドライブにして生きようとする若者に、こういう生き方もあるんだと社会が示してこなかったという社会の側にも問題はある。

だからいま、ビジネスリーダーでもエリートでも成り上がりでもない、もちろんフリーターでもない、スローキャリアという骨太な生き方を、社会は提示すべきなのだ。

第三章

スローキャリアの
七つのポリシー

1、根源的自分らしさへのこだわり

スローキャリアをめざすならば、根源的な自分らしさへのこだわりがまずポリシーとしてなければならない。自分らしさというのは自分の動機や価値観のことで、動機は大きくは変わらないが、自身の動機を理解するのは簡単ではなく、試行錯誤のプロセスから少しずつ気づいていくものだ。一方価値観は自分自身で意識するものであるので、さまざまな価値観を表す言葉を並べ替えて、自分にとっての優先順位を整理してみると、わかりやすい。そして、プロセスへのこだわりと目的合理性とのバランスをとり、なおかつ自己主張しながら仕事での成果をめざすのが重要だ。上昇志向や達成志向が中心にないからといって、仕事の成果を無視しているわけではないのだ。

2、変化への柔軟な対応と経験からの学習

特定の職種や専門性、あるいは興味、関心などの表面的なことにはあまりとらわれず、状況の変化に柔軟に対応し、新しいことにも積極的にチャレンジする。失敗から積極的に

学び、過去を否定したり価値観の転換をも恐れない勇気も必要である。柔軟性とは一見すると、自分らしさにこだわることと矛盾するように見えるかもしれないが、こだわらなければならないのはあくまで自己の根源的な部分であって、逆に表面的な自分らしさにはあまりこだわる必要はないのである。

ちなみに動機というのは非常に変わりにくいものだが、価値観というのはなにかのきっかけや経験によって変わる可能性はある。それまで人生はお金だけだと思っていた人が、命の危機に瀕し突然お金よりも重要なものがあることに気づくなどがそうだ。人の価値観には、その人の思い込みや認知の歪みが強く反映していることもあり、それが単なる思い込みとわかったら、勇気を持って新しい価値観を受け入れるべきなのだ。

3、目標ではなく個性あるキャリア

出世や収入、企業のブランド、そういう外的なものさし、あるいは数字でキャリアアップを考えるのではなく、仕事の質を重視し、自分らしさや個性にこだわった仕事の仕方、キャリアをめざす。つまりナンバーワンではなくオンリーワンのキャリアを目的とするのである。

4、人生のフェーズによる使い分け

キャリアや人生にはフェーズがあり、短期的にバランスを欠く時期があっても、長期的に見て充実したキャリアや人生が送れていればいいと考える。

たとえばキャリアの基盤をつくる時代には、仕事が八割でプライベートが二割と、一日の大半を仕事中心に生活することになるかもしれない。また家族の介護が必要となって、この比率が逆になる場合もあるだろう。仕事と生活のバランスだけではなく、仕事の種類より収入を重視する時期があったり、どうしてもやりたいことをやるためにはチームリーダーにならなくてはならず、そのために数年間は上昇志向型のキャリアを経験するということがあってもいい。

つまり、自分はスローキャリアをめざすといっても、なにも生涯スローキャリアでいることにこだわらなくてもいいのであって、それよりむしろ人生をフェーズに分け、メリハリをつけたほうがトータルとして満足のいく人生を送れるのではないだろうか。

5、損益分岐点の低い生活スタイル

報酬に関係なくやりたい仕事をやるためには、ちょっとした工夫が必要だ。それは生活費の損益分岐点を下げることだ。

最悪なのは、たまたま収入が高くなったとき、それに合わせて生活をインフレさせてしまうことで、とくに生活費の中の固定費をインフレさせてしまうと、あとで元に戻すのにたいへんな苦痛を伴う。

生活費の損益分岐点が高いと、その生活を維持するために仕事を選ばなければならなくなる。つまり報酬が仕事を規定してしまうので、仕事を選択して狭まってしまう。また、自分のやりたい仕事が見つかっても、その仕事がＮＰＯのような、あまり高い給料を期待できない可能性もある。そのとき生活費の損益分岐点が高いと、給料が理由で本当にやりたい仕事を諦めなくてはならなくなってしまうかもしれない。

ただし、なにもむやみやたらにケチケチしろといっているわけではない。抑えるのはあくまで生活費の中の固定費であって、若いうちから将来の収入を見込んでローンを組んで家を買うような発想は、生活のインフレを招くのでやめたほうがいいが、変動費に関しては、収入が増えたら家族で海外旅行に行くような使い方は悪くないどころか、むしろ自分に褒美をあげる意味でも積極的にやったほうがいいと思っている。

それからひとりの収入で家族全員の生活を支えるよりも、たとえば夫婦で働くことで収入の道が二つになったほうが、それだけ生活や報酬のために働くという負担から解放されるので、そういう生活スタイルもぜひ重視したい。

6、組織と対等で潔い関係

これに関しては、それほど説明は必要ないだろう。貸し借りをつくらない、魂を売らない、依存しない、逆に食い物にしないということだ。社外上昇志向タイプの人の中には、会社を自らのキャリアアップの踏み台にするような人もいるが、それはスローキャリアの考え方に真っ向から反する。会社には少なくとも給料以上の貢献をし続ける誇りを持とう。

会社と個人がお互い誇りを持っていいたいことを発言し合い、そのかわり双方で責任を果たす、そういう関係であれば、たとえ転職することになっても、恨まれたり被害者意識を持ったりすることなく、転職した後も前の会社の人脈が、そのまま財産となるのである。

7、スローキャリア社会の実現

スローキャリアをめざすのなら、スローキャリアという働き方が認知され、スローキャリアの人々が住みやすい社会を、自分たちの手でつくっているのだという意識を持つべきだろう。

たとえばスローキャリアを認め、実践している企業の商品を使い、またそういう店を利用する。あるいはスローキャリアの人が働きやすい会社の株を買う。まさに一消費者、一投資家として、スローキャリア社会の実現を考えて行動するのである。

あなたはスローキャリア志向か

以上、スローキャリアの七つのポリシーを見てきた。さてここで、あなたにも考えていただきたい。あなた自身はスローキャリア志向か、そうでないのか。

これを確かめるには、あなたが管理職から、ある日突然降格させられたという状況を考えてみるといいだろう。

なにくそ、見返してやると、ファイトを燃やす人は、間違いなく本物のアチーバー型キャリアだ。こういう人はもっと上に行きたいというのが動機そのものなのだから、降格させられようが上をめざす欲望は変わらないし、出世してさらに仕事が忙しくなっても、そのことは全然苦にならないのだ。

一方、いままで会社のためにこれだけ尽くしてきたのに許せないという感情が先に来る人というのは、それほど上昇志向が強くなかったといえる。それなのに上に行けば幸せになれるというメッセージを真に受けて、動機に合っていないのにもかかわらず頑張り続けてきたから、降格となったとき裏切られた、全人格を否定されたという感情を持ってしまうのである。

このとき、それまでの自分がつくられた上昇志向だったことに気づいて、もともと自分には管理職なんて向いていなかったんだ。だったらもっと自分に向いている別のことに挑戦するよと思えるようなら、その人はスローキャリアに向いているといえる。またどちらでもなく、それも一つの経験として活かして、ポジティブに別のタイプのキャリアで行こうとするなら、もうすでにスローキャリアを実践しているのかもしれない。

また、もう一つの例として、仕事やキャリアで大きな困難にぶつかったとき、あなたはいつもどんな反応をするかでも判断できる。

自己主張性と柔軟性がともに低い人は、基本的にそれを他人のせいにして、自分は犠牲者だというふうに考える。

自己主張性は高いが柔軟性が低い人は、困難を目的達成のための障害と見なし、またそれは努力で乗り越えられると考え、めったなことでは本来の目的を変えようとはしない。

自己主張性は低いが柔軟性は高い人は、まあいいかとすぐに諦めてしまう。

自己主張性と柔軟性がともに高い人は、困難からなにかを学び、学んだことを活かして挑戦の矛先をサッと変えられる。

この自己主張性と柔軟性のバランスがスローキャリアにおいては重要であると前章で述べたが、まさに四番目の、自己主張性と柔軟性がともに高い人なら、明日からでもスローキャリアで生きていけるはずだ。

プログラマーとして働いていたAさんは、取引先からゲームソフトの会社をつくるから創業メンバーにならないかと誘われ、それはおもしろいと参加したところ、その会社はわずか半年で倒産してしまった。だがAさんは、そのときあった貯金で短期留学をして、海外で英語と会計を勉強して、帰国後はそれまでとはまったく別の職種の外資系企業に就職し、いま非常にいい仕事をしている。

大手商社でキャリアカウンセラーの仕事をしているBさんは、もともと営業の第一線にいた。ところが社内事情で、五〇歳になってそれまでとまったく違う人事という職場に配属になってしまった。ところがBさんは社内でカウンセラー制度を立ち上げることを提案し、それが採用され、自らその第一号となり、新しいやりがいを見つけたのだった。若くしてキャリアカウンセラーとなった人と比較して、カウンセラーとしての勉強は五〇歳を超えてからだったが、過去の長い営業経験がその仕事に活かされ、カウンセリングのみの専門家とは違う価値を生み出せることは間違いないだろう。

このAさん、Bさんのようなタイプ、困難を乗り越えようとするのではなく、キャリアチェンジのきっかけにしてしまう自己主張性と柔軟性のバランスのよさが、スローキャリアを成功させるポイントとなってくるのである。

スローキャリアのさまざまなタイプ

スローキャリアと一口でいってもなかなかイメージしにくいかもしれないし、当然その中にもさまざまなタイプがある。対人関係系の動機かプロセス系の動機か、主にどちらでドライブされているのかも一つの分け方であり、それぞれ単なる良い人やオタクにならない注意が必要であると申し上げた。もう少しいくつかのパターンに分けて考えるとすれば、スローキャリア第一のポリシーである、自分らしさへのこだわりでとりあえず具体的にどんなものにこだわるのかによって、考えてみたらどうだろうか。

一つのこだわりに「仕事の質」というのがある。徹底性という動機が強い人には向いているかもしれない。職人のように自ら自分の仕事のクオリティースタンダードを決めて、そこに向かって没頭する、自分が満足できるものにこだわるという仕事の仕方だ。もちろん顧客意識が希薄すぎると、たんなる頑固職人になってしまうので、対人関係系の動機のどれかも使って、顧客価値の検証とバランスを取ることが重要だ。

「テーマ」にこだわるというのもある。最近でいえば教育や医療に新しい風を吹き込もうと、マッキンゼーの後輩の人たちが、上昇志向ではなくあるいは単なる事業成功の手段としての目的でなく、このような分野に入っていく人も少なくない。それまでのキャリアで、自分自身がはっとするテーマ、自分の異質の経験が生きる新しい分野などにめぐり合えたなら、そのテーマをしばらくの間深掘りするというタイプだ。私にとってそれまでの経験の積み重ねとマッキンゼーの経験で、当時人と組織の問題への興味、とくに組織による人生管理と人生の安定、上昇志向の刺激といった人と組織マネジメントのあり方への疑問は、その後長く私自身のテーマになったし、その延長線上に、スローキャリアという本もできたのだと思う。

働き方の「スタイル」というのもある。私の知人で、定期を使わずいちいち切符を買って通勤している人がいた。そんなのは高くつくだけで合理的でないと思ったが、その人は「定期で通勤するようなサラリーマンくさい人生は送りたくないんだ」とはっきりいっていた。自分自身の働き方や生き方そのものに、枠というスタイルを求めるというのも一つのタイプかもしれない。

それと近いが、「感性」というのもあるだろう。職業にもよるが、自分の感性を思い切り仕事でも活用していく、自分のテーストへのこだわりだ。そのかわり普段の生活からこのテーストへのこだわりを公私の区別なく持ちつづける必要がある。ある百貨店の若手のキャリア研修で、靴の担当の仕事をしている人が、靴は自分のこだわりの、一足八万円、九万円という靴をいくつも持っているといっていた。彼はまだ二〇代で給料だってそんなに高いわけではないから、他の衣料品は主にユニクロで買うんだそうだ。

「人間関係」というのもある。当然対人関係動機の強い人向けだろう。仕事を通じての人間関係の構築と、そのコミュニティーの維持拡大にやりがいや意味を感じるタイプだ。信頼関係のある人たちと一緒に仕事をすること、その人たちのためになり、また感謝されることがドライブになるタイプであろう。

住む場所などの「環境」にこだわるという人生も当然あり得る。沖縄移住組はその典型だろう。スローキャリア以前にまずスローライフから入るというのがあっても当然良い。私の知人でも、ＭＢＡを取得し金融の経験もあるのに、米国やロンドンでなくあくまでパリに暮らすことにこだわった人もいた。ロンドンなら給料も倍近く取れるのにあえてパリに住むことにこだわる、生活の質重視という考え方だろう。

これらはもっとさまざまなタイプがあってよいし、一つだけでなく複数のこだわりの組合せとなることがむしろ現実的だろう。テーマとスタイルにこだわるというように。みな複数の強い動機を持っており、それの発揚の場として複数のことにこだわるのだろう。

第四章

幸せのキャリアをつくる
一〇の行動特性

やりがいや充実感は、自分らしいキャリアを築いてきた結果

キャリアというのが、行動・思考特性の結果だとすれば、スローキャリアをめざす人は、普段からどのような考え方をし、行動をとっていれば、充実した自分らしいスローキャリアを実現できるのだろうか。

私が所属している慶應義塾大学の『キャリア・リソース・ラボラトリー（ＣＲＬ）』では先ごろ、日本を代表する一四の企業に協力をいただき、二〇歳代後半から四〇歳代前半を中心とした都合二四〇〇名の社員を対象にキャリアに関する意識調査を行なった。

質問項目は全部で八〇あり、その集計結果からいまの日本のビジネスマンの姿が如実に浮かび上がってきた。

たとえば「自分らしいキャリアを築いてきたと思うか」「いまの仕事にやりがいや充実感があるか」「あなたは勝ち組に入るか」という三つの質問に対する答えの相関関係を見てみると、やりがいや充実感というのは明らかに、これまで自分らしいキャリアを築いてきたと思っている人ほどポイントが高く、強い正の相関関係が見られた。一方で、勝ち組だと思っている人と、自分らしいキャリアを築いてきた人やいまの仕事にやりがいや充実

感を感じている人との相関関係はあまり見られなかった。

つまり、いまの仕事にやりがいや充実感のある人は、自分らしいキャリアを築いてきたからであって、勝ち組だからではないのだ。

この結果からなにがわかるかというと、安定した雇用や画一的なキャリアパスの明確化が、仕事やキャリアの満足度と結びつくわけではないということにほかならない。またこれにより、会社が従業員に対しキャリア目標を示すことで、従業員のやる気を引き出すという従来の方法は、あまり効果的でないということもわかる。

働くほうにしても、五年後、一〇年後のキャリアゴールをめざすのではなく、自分でキャリアを切り拓く、あるいはそうしてきたという実感こそが、仕事のやりがいや充実感に結びつくのであり、これはまさにスローキャリアそのものではないか。

また「自分らしいキャリアを築いてきたと思うか」という質問の結果は「将来社外に出たとしても、そこでまたキャリアをつくっていけるか」のそれとも比較的相関関係が高かったが、自分らしいキャリアを切り拓いてきたという実績が、いままでそうやってきたのだから、将来どこにいっても同じようにやっていけるという自信につながっているのだと推定できる。

意外なことに「報酬や社内での処遇に満足しているか」という質問に対する答えは、仕事のやりがいや充実感との相関関係はとくに低かった。だからといって、報酬や処遇の不満をないがしろにしていれば、人材流出など会社のリスクは当然高まるだろうが、賃金制度改革あるいは評価制度改革こそが、従業員のやりがいや充実感を高め、やる気にさせる鍵であるという考え方は疑問であるといわざるをえないことを、この結果が物語っている。

以上をまとめると、将来のキャリアパスを明確にする、キャリアの勝ち負けを競わせる、賃金制度改革を行なうのいずれであっても、それによって従業員のやりがいや充実感が高まるわけではなく、むしろ上記三つ以外にその答えはあると推測できるのではないだろうか。

そこでCRLでは、先の調査結果からやりがいや充実感と相関関係が高かった質問を一〇項目選び、そこから行動特性を導き出し、傾向の似通ったものを第一因子から第三因子までグルーピングしてみた。

答えはまさにこの中にあるのである。

第一因子〜主体的なジョブデザイン行動

1、自分の価値観やポリシーを持って仕事に取り組んでいる。
2、社会の変化、ビジネス動向について、自分なりの見解を持っている。
3、部署・チームを越えて、積極的に周囲の人を巻き込みながら仕事をしている。
4、仕事の進め方や企画を立てる際、いままでの延長線上にあるやり方ではなく、常に自分なりの発想で取り組んでいる。
5、自分の満足度を高めるように、仕事のやり方を工夫している。

仕事のやりがいや充実感に関係があるのは、キャリアデザインより明らかにジョブデザインだ。普段から主体的に仕事に取り組んでいる、つまりジョブデザインを心がけている人は、振り返ったときそこに自分らしいキャリアが自ずとでき上がっているのである。それから仕事には価値観やポリシーをもって取り組む必要がある(1)。これはまさにスローキャリアの基本的考え方と見事なまでに一致する。

社会の変化やビジネスの動向に注目し、自分なりの見解を持っていることも重要だ

（2）。そういうことにまったく無関心でオンリーワンのキャリアをめざしても、それが世の中で通用する可能性はきわめて低い。これはトレンドを読み自分なりのテーマを持つというふうに言い換えてもいいかもしれない。世の中の動きをよく見て、これからこうなるだろう、あるいはこうなってほしいという観点から自分にとって興味の持てるテーマを探し出し、自分のキャリアをその方向にかけてみるのである。それは単に予想屋のように「トレンドにのる」というより、自分の価値観やポリシーを反映させた、「トレンドにかける」という言葉が適切であり、逆にこれがないと未来志向でジョブデザインをするのは難しいだろう。

（3）（4）（5）に関しては、「WHAT（課題の発見・提起）→HOW（課題を分析してやり方を考える）→DO（実行する）→CHECK（結果を検証する）」という仕事のサイクルを、小さくてもいいから自分で回せということである。

あなたが主催するホームパーティを例に、この「WHDCサイクル」を説明しよう。最初に考えるべきWHATはなにかといったら、食事をどうするかだろう。ホームパーティというのは、普通は儲けるためにはやらない、来た人に満足して帰ってもらうのがいちばんだ。だからといって出席者全員に電話をして、なにが食べたいかを一人ひとりリサーチして希望の多かったものを作っても、相手は食事が目的でレストランに行くのではないのだし、どうせパーティ当日になれば、自分が電話で答えたことすら覚えていないかもしれないのだ。

だからホームパーティにマーケティング調査を導入しても意味がない。もっとも重要なことは、あなたがなにを作りたいかなのである。これは課題解決ではなく、課題設定能力といっても良い。方程式を解くように正しい答えが出てくるわけではない。

ただし自分が作りたいものならなんでもいいというわけでもない。誰ひとり出席者の口に合わないような料理を出しても、楽しいホームパーティになりっこないからだ。そこで全員が喜んでくれる料理はなんだろうという顧客ニーズの視点で自分の作りたい料理を検証する。しかし自宅にはオーブンが一つしかないのに、作るのにオーブンが二つも三つも必要な料理を思いついても仕方がない。そうすると経営資源と実現性ということも考慮に入れる必要がある。

こうして作る料理を決められるかどうかで、あなたのＷＨＡＴ構築能力がまず試される。

さて料理は決まった。次は調理方法を考えなければならない。この調理方法というのが

HOWだ。

先ほどの、なにを作るかWHATを考えるのがクリエイティブ・シンキングだとしたら、調理というHOWはロジカル・シンキングなのである。

たとえばステーキなら、肉を焼くのになるべく厚い鉄板の重いフライパンを使うのだが、これには理由がある。フライパンが軽いとそれだけ熱容量が小さいので、重くて冷たいステーキ用の肉を入れたときにフライパンの温度がすぐ下がってしまうから、肉汁が逃げてしまうのだが、厚く重いフライパンは熱容量が大きいので、これだとあまり温度が下がらず肉表面のたんぱく質が瞬時に凝固し、肉汁が逃げないのである。

また中華料理で炒め物をするときに、具を同じ大きさに切っておくのは、ばらつきがあると小さいものが炒める過程で下に落ちて、先に火が通ってしまうのでむらができやすい。それを防ぐためだ。

このように調理方法というのは、長い歴史の中で論理的に確立しており、学習可能なのである。それからDOとCHECKだが、作った料理を食べさせるのがDOで、その感想を聞くのがCHECKだ。

帰りがけに「どうだ、美味かったか?」と聞き「ええ、下手なレストランよりずっとおいしかったです」とお世辞半分だとしても嬉しい返事が戻ってくれば、嬉しくなって夜中に山のような洗い物を夫婦で片付けながら、今度はどんな料理でもてなしてやろうと次のWHATをもう考えたくなるだろう。これがホームパーティにおけるWHDCサイクルである。

そして、このようなWHDCサイクルに基づく行動・思考特性を日頃から発揮していることが、主体的なジョブデザイン行動につながってくるのだ。

第二因子～ネットワーク行動

6、新しいネットワークづくりに常に取り組んでいる。

7、自分のネットワークを構成する個々人が、どんなニーズを持っているかを把握し、それに応えようとしている。

8、自分の問題意識や考えを、社内外のキーパーソンに共有してもらうようにしている。

ここでいうネットワークというのは、人脈のことだ。キャリアというのは自分だけでは切り拓けない。ゆえに人脈というネットワークが必要となってくる（6）。

そしてネットワークをつくるためには、まずそこにいる人たちのニーズを一生懸命理解し、そのニーズに応えるために自分にはなにができるかを必死になって考えるところから始めるしかない（7）。つまりそういう利他的な行動特性を持っている人のほうがネットワークづくりに向いているといえる。

ネットワークというのは、自分が投資しなければそこからリターンは得られない。だから私はネットワークづくりのことを投資行動と呼んでいる。

またネットワークにおいては、一見関係ないと思えるような人にも、自分の問題意識や考えを伝え、共有してもらうことを怠ってはならない（8）。たとえばいまの仕事に関し自分はこう思うということは、直属の上司だけに伝えればいいというふうに目的合理的に考えないほうがいいのである。よその部署の人間に話しても意味がないなどと決め込まずに、いま自分の職場はこうで、自分はこのように考えているということをできるだけ多くの人に話し、自分の問題意識を広くアピールしておくのだ。それは必ず後になって活きてくる。これを布石行動という。

ネットワークを構築するためには、このような投資行動、布石行動を普段から行なっていることが大切だ。ところが多くの人はここを勘違いして、まず自分のキャリア目標を設定し、権限を持つあの人と人脈をつくるには、まずこの人と仲よくなって紹介してもらおうというように、ネットワークを自分の目的のために利用しようとする。だがよく考えてみるといい。自分のキャリア目標を達成するために重要だと思われる人とだけネットワークをつくろうと考えるような人のところに、果たして人が集まるだろうか。

計画的にキャリアがつくれないのと同様、ネットワークを計画的につくることはできない。この意味で、前章で取り上げたクランボルツ教授のプランド・ハップンスタンス・セオリーは、ネットワークづくりにおいてもまさに当てはまるといえる。投資行動や布石行動のように、目的合理的でないネットワーク行動を、無意識的、習慣的にとっている人は、結果的にいいネットワークを構築し、より多くの幸運をつかむのである。

さらにネットワークには、質と量という二つの側面があるが、どちらがより重要かといえば、それは質であるといっていいと思う。その質の一つに多様性がある。どんなにたくさんの人とネットワークを結んでも、それが同じグループの人だけなら、多様性のあるネットワークとはいえない。性別、年齢、職種などの異なるさまざまなグループに人脈やアクセスポイントを持っているということが多様性の意味である。

それからネットワークには、深さもある。ただ知っているだけという関係をたくさん持っているのと、強い信頼関係で結ばれているのでは意味が違う。

量と多様性と深さ、この三つのキーワードはネットワークをつくる際、常に頭に置いておいてほしいものだ。

第三因子～スキル開発行動

9、今後どのようなスキルを開発していくか、具体的なアクションプランを持っている。

10、スキル、能力開発のための自己投資をしている。

キャリア開発とは、普段の仕事とは別になにか特別なことをやることだと思っていた人は、第一因子、第二因子の1から8までのような、いってみれば仕事のやり方にすぎないことが、なぜキャリア開発と関係あるのかわからないかもしれない。

しかしながらその普段の仕事こそが、まさにキャリア開発行動の基本なのである。

もちろん、通常の仕事とは別にスキル開発行動を行なうこともある。この場合、どんなスキルを開発するか具体的なアクションプランと持つことと(9)、スキル、能力開発のための自己投資をすることの二つは考えなければならない。

その前に、スキル開発には一律なやり方があるわけではないことを確認しておく。とにかく先に新しい課題や仕事に取り組み、後からその仕事をこなすのに必要なスキルを短期間で身に付けるというやり方もあれば、資格取得のような明確な目標を掲げて勉強するといった具合に、目標に向かってスキルを身に付けるやり方もある。あるいは毎週週末には必ず決まった時に一定時間勉強するというやり方もあろう。このあたりは、動機に合っていて楽しくできるものを、自分なりに創意工夫して見つければいいのである。

いずれにせよ、身に付けたスキルはすぐに仕事などで使うべきだ。スキルというのは使わないでおくと、すぐに陳腐化して使いものにならなくなるので、いまの仕事で使う機会がないというのなら、自分はこういうスキルを持っている、あるいは学習しているということをアピールして、自ら使えるチャンスを呼び込むといいだろう。

また、自分のスキルが陳腐化したと思ったら、これを身に付けるために何年かかった、これだけの経験を重ねてきたのだということにこだわりたい気持ちを、勇気を持って断ち切り、新しいスキルを獲得することをめざすべきであって、逆学習、アンラーニングを恐れてはいけない。そのためには定期的に、自分の持っているスキル、仕事のやり方や内容などからなる知的バランスシートの点検をすることを、習慣づけておくといいだろう。

とくに現代のホワイトカラーのように、裁量度合いが比較的高く、知的生産性を問われ、なおかつ成果へのプレッシャーが大きい仕事に就いている人ほど、社外でも通用する資格やスキルという狭い意味でのエンプロイアビリティ、天職との出会い、仕事とのマッチング、目標合理的な逆算行動などにこだわりがちだが、そうではなくて、実は日常の仕事におけるプロセスの中にこそ、キャリアを切り拓く秘密があることにいま一度気づいてほしい。私はそのような行動、思考特性を「キャリアコンピタンシー」と呼ぶ。つまり結果としてふりかえると、自分らしいキャリアができているという普段の行動と思考のことだ。場合によっては人間力という表現で、これに近い能力を重視していることもある。

以上をまとめると、上昇志向の人は、キャリアで勝ち組になることが幸せでいいかもしれないが、そうでない非上昇志向の人は、キャリアで勝ち組をめざしたり、五年後、一〇年後のキャリアゴールを設定したりするより、ここにあげた一〇の行動を継続して行なうことこそが、仕事のやりがいや充実、ひいては幸せなキャリアにつながるといえそうである。

第五章

スローキャリア重視の人材マネジメント

スローキャリア人材の活用と求心力

価値には二種類あるといわれている。機能的価値と心理的価値だ。たとえば安全と安心なら、安全は機能的価値で安心は心理的価値である。これは原子力発電所で考えてみるとわかりやすい。

日本の原子力発電所では、これまでさまざまな不具合や事故の発生が報告されてはいるが、本格的な発電をする設備の中で死亡事故にいたるような大事故は一度も起きていない。だからデータ的には安全性が高いんだというロジックを、電力会社側がしばしば用いる。それなのにどうしても不安感が消えないのは、しばしば事故データの捏造や隠蔽が行なわれてきたという過去の事実によるところが大きい。つまり、結果として死亡事故が起きた、起きないという機能的価値的部分ではなく、どこか信用できないという心理的価値の面で不安を感じているからである。

あるいはスーパーマーケットなら、生鮮食料品売り場でパックの日付を念入りにチェックするお客さんの姿が目立ったり、支払いを済ませた後に、商品とレシートを付け合せていちいち確認する人の多い店というのは、どこか顧客に安心感を与えていない。マネジメントシステムに問題を抱えているといえる。

また、かつて「安い、早い、うまい」というキャッチフレーズで一世を風靡した牛丼の吉野家は、まさに三つの機能的価値を売りものにしたのであるが、同じ外食チェーンでもスターバックスコーヒーの「サード・プレイス」という謳い文句は、一日一回、おいしいコーヒーを飲みながらくつろげる空間という意味で、こちらは心理的価値をアピールしている。

この機能的価値と心理的価値は、どちらがいい、悪いという問題ではない。ただ機能的価値が数値で示しやすい（データ、価格等）のに対し、心理的価値というのは数字で表現するのが難しいという違いはある。

そして、数値化しやすい機能的価値ということは、達成目標に容易になり得るということでもある。実際日本も、社会がまだいまのように物質的に満たされていなかった時代には、機能的価値が数値目標とされ、それが人々の上昇志向と結びついていたのである。

これは現在の中国の姿を見ればわかりやすい。都市部住民に限った調査でも、いまの収入でほしいものの八割は買えるという生活をしている人は、全体のわずか二〇％程度だという統計結果もあるそうだが、昔、日本で3Cと呼ばれたカー、クーラー、カラーテレビのような、これがあれば豊かな生活、快適な暮らしができるという具体的な目標が、中国にはあるのだ。

ご存知のように、日本経済に比べ、ここ数年の中国の経済成長には目を見張るものがある。資本主義というのは、物欲を果てしなくかきたてることで人々の上昇志向、達成志向を引き出し、経済を成長させるのであって、いま中国というのは、そんな資本主義のダイナミズムの真っ只中にいるといえる。

そしてそういう時代には、上昇志向の強さと、達成される機能的価値の大きさには、明確な相関関係が生まれるのだ。

ところがいまの日本では、この相関関係が明らかに崩れつつある。

これは消費者にとっても働く者にとっても、数値目標や目的合理的という言葉に適合する機能的価値より、そういうものに適合しにくい心理的価値のほうが重要になってきているからではないだろうか。

それなのに企業の経営陣の多くは、この重大な事実にいまだ気づいていない節がある。理由は簡単で、経営者や企業のトップになるような人はもともと上昇志向が強いので、従業員もまた上昇志向系であるという前提でマネジメントをしようとするからだ。

以前ある著名な経営者が、役員の数を減らして代わりに社外取締役制を導入する風潮に対して、そんな欧米崇拝型のコーポレート・ガバナンスなどとんでもない、役員になるというのはサラリーマンの勲章なのだ、その勲章を減らせば従業員のモチベーションが下がるに決まっていると発言されているのを聞いたことがある。自分自身が強烈な上昇志向でこれまでやってきたので、他の社員も当たり前のように上昇志向を持っていて、その動機を煽ることで生産性が上がるのだと信じて疑わないのである。

彼はまず、若い人ほどキャリアにおける上昇志向性は稀薄になっているという事実を知るべきだ。同時に上昇志向性と目的合理性だけで機能的価値を追及するやり方が、経営的に有効でなくなってきているという認識も必要だろう。

それなら安定志向にアピールするのはどうか。これもはっきりいって効果は期待できない。雇用を保証したところで、雇用自体が財産になる時代ではない、いまは自分らしいキャリアこそが財産なのだ。

上昇志向を煽ってもダメ、安定志向を刺激しても効果なし。これがスローキャリア人材なのである。それではそんな彼らを、会社はどのようにマネジメントしていけばいいのだろうか。

スローキャリア人材を使いこなすポイント

先に取り上げた、キャリア・リソース・ラボラトリー（ＣＲＬ）の調査の中で、クラスター分析というものを行なった。二四〇〇名の対象者を、キャリアに対する意識や行動の特徴から、ＡからＦの六つのグループに分けたのである。

そのうちＡクラスターとわれわれが呼ぶグループは、上昇志向が強く、また自分らしいキャリアを作りたいと思っている、つまり自分らしいキャリアと出世や高報酬の両立ができると考えるまさに上昇志向が自分らしさである集団だ。彼らは第四章で明らかにした自分らしいキャリアを築くのに必要な一〇の行動を、普段からとっており、会社が期待する成果もきちんと出している。さらに、「会社の中でこれからもキャリアをつくっていきたい、長期的にこの会社にコミットしていきたい」という気持ちの持ち主でもある。

会社にとっては使いやすいし、本人たちも満足して働いているという、お互い非常に良好な関係を築けるのがこのＡクラスターであり、割合としては全体の二〇％を占める。

これに対しＢクラスターに属する人というのは、一〇の行動特性をＡクラスターの人に次いで強く持っているが、報酬や地位を目標にするような上昇志向はかなり低いという点で、Ａクラスターと異なる。「いまの会社でずっと働きたいか」という質問に対しては「かならずしもそうは思わない」という答えが返ってくるのがこのグループの特徴だ。

しかしながら自分らしいキャリアをつくりたいという意欲は強く、それを実践している優秀層でもある。

このＢクラスターの存在割合もまた組織の中で二〇％程度で、若手に多く見られ、またスローキャリアの推進者になりえる典型的タイプがこの層である。

彼らは会社や職場に魅力を感じなくなれば、転職にも抵抗はない。そんなＢクラスターに対し、会社がどれだけ求心力を示せるか、つまりいかにしてスローキャリアの働きやすい会社にするかが、これからの経営のポイントになってくるといっていいだろう。

それでは、彼らＢクラスターのようなスローキャリア人材を惹きつけるには、なにがいったい効果的なのであろうか。

まず考えられるのは、会社のビジョンや行動指針だ。

彼らには単なる数値目標を提示しても、そこから逆算して目的合理的に行動しようという特性は低い。それよりも価値を感じる仕事をしたいという意欲の強い彼らにとっては、会社のビジョンや行動指針、そしてそれらが第一線の人たちにどれだけ徹底しているかが重要なのである。

彼らが価値を感じるビジョンや行動指針が示され、しかもそれが末端の社員にまできちんと伝わり実行されている会社なら、スローキャリアをめざす人は求心力を感じるだろうし、逆に会社の価値基準がまるで見えてこない会社からは、彼らが離れていく可能性は高いのである。実際われわれの調査における、八〇項目あまりの質問の中で、一四社の会社別平均スコアが最もばらついた質問は、「あなたの会社では、ビジョンや行動指針が組織の第一線まで明確に伝達されていると思うか」というものだった。この質問は当然、いまの会社にこれからも勤めたいかという質問との相関は高い。つまりこういうことはちゃんとやればできることなのであって、きちんと本音ベースの説得性のあるビジョンをわかりやすい言葉で定義し、それを伝達する努力をし続ければ可能なのだ。その現状が会社によりきわめてばらつきが多いという事実は、スローキャリア時代での求心力に大きな差が出る可能性を示唆している。

さらに等級という上下のものさしを重視しない、等級ではなく職種による相場などの無機的要素で給与管理する仕組みをつくり、給与から序列的あるいは上下関係的色彩などの意味性を極力排除し、単純に報酬をその使用価値のみで考える風土をつくる。給与以外の項目でも序列志向性の強いサインを廃止することも、スローキャリアの人が働きやすい職場にするためにぜひ考えたいところだ。

職種によって給料が違うのは仕方がない。この仕事をやってほしいという会社のニーズと、それができる人やりたい人との需給関係で給料が決まるのはむしろ自然なことだからだ。

しかしそこに等級というものが果たして必要だろうか。等級とはまさに序列を示す記号であって、出世するほど机が大きくなるとか、椅子に肘掛が付くなどというのも同じだ。このような序列を明確にするという仕組みは、上昇志向の強い人にとっては効果的であっても、Ｂクラスターのようなスローキャリアをめざす人にはほとんど意味がない。むしろそういう序列を表す仕組みやサインをすすんで撤廃することで、会社を彼らにとって魅力的な存在に変えることができるのだ。

それからもう一つ、求心力ということでいえば、アメリカの先進的企業が九〇年代以降積極的に取り組んでいる、自律的なキャリア形成が参考になる。とくにＩＴ業界や航空業界のように、人材流動化が非常に激しい業界だと、社員の自律的なキャリア形成を重視する会社ほど、従業員の求心力が高まるという結果が出ている。

その代表がサウスウエスト航空だ。この会社は社員のキャリア自律のために、さまざまな支援を行なっていることで有名だが、なかでもユニークなのが「一日体験デー」と呼ばれるプログラムだ。これは社員がいまの職場とは別の部署で、一日仕事を体験するのである。それで現在の仕事より向いているという仕事が見つかったら、会社はその人の職種転換をサポートしてくれるのである。つまり従業員はある特定の職種に適性があるということでなく、サウスウエスト航空という会社に適性があればいいという考え方なのだ。

このほかにもキャリア自律のための研修や、キャリアコーチの制度などもあり、従業員の自律的なキャリア形成を推進するという企業ビジョンが明確に打ち出されている。

景気変動の影響を受けやすい米国の航空業界の年間平均退職率が、約一六％なのに対し、サウスウエスト航空のそれは約八％と低いのは、この企業ビジョンが従業員に指示されていることを証明しているといってもいいだろう。さらに九・一一同時多発テロ以後、米国の大手航空会社が軒並み赤字経営に転落した中で、サウスウエスト航空が唯一黒字を維持し続けているという事実は、従業員の自律的なキャリア形成、その結果生み出される組織求心力が、経営にプラスに作用している証拠でもある。

また、部門ごとに従業員の自律的キャリア形成への取り組みに差があるアメリカのＩＴ

企業からは、部門ごとの人材流出率とその部門の自律的キャリア形成支援プログラムへの参加率の間に、明らかに負の相関関係が見られたという調査結果も上がってきている。

いずれにしても、いまや機能的価値を数値分解して目標管理するだけでは、スローキャリアをめざす人を会社につなぎとめておくのは難しい時代なのである。スローキャリア人材にとっては、自律的キャリア形成を会社が支援するということが価値基準なのであり、これからはそういう企業ビジョンを打ち出せるかどうかで、企業の人材戦略に大きく差がつくようになるといえるだろう。

成果主義と目標管理

成果主義というと、スローキャリアとは似つかわしくないように聞こえるが、実はスローキャリアにおいても成果主義というのは、無視できない重要な概念なのである。

九〇年代に日本企業が、こぞって成果主義を導入し始めた背景には、それまでの物知り型や評論家型のようなジェネラリストでは、ハイ・パフォーマンス・オーガニゼーションができないという現実があった。そんな頭のよさだけを誇るような管理職ばかり増えても業績は上がらないということに、企業が気づき始めたからである。

そこで成果に対する目的合理性を取り入れたというのが成果主義導入の一つの理由なのだが、いわばこれは歴史の必然といえるかもしれない。

しかしながら、成果主義イコール目標管理であるという考え方もまた、いま岐路に立っている。

目標を客観化、数値化すること、目的合理的マネジメントを徹底することが目標管理だとして、さらにそれを押し進め、会社全体の目標を分解して個人個人に細かく割り振る、そういう目標管理制度を実施しているところもあるが、そのようなマネジメントがうまく機能し、成果が上がっているかといえば、必ずしもそうではないといわざるをえない。

世の中というのは、最初にいくら綿密なシナリオを描いても、そのシナリオどおり物事が進む保証はどこにもないのである。ましてやいまのような変化の激しい、先の見えない時代ならなおさらだ。

なおかつ現代においては、機能的価値に加え心理的価値、あるいはソリューション的価値を提供できることが、より重要になってきている。そのためにたとえばスターバックスコーヒーなどは、心理的な価値を現場で働く人たちの創意工夫でつくり出そうと、マニュアル主義を放棄し、アルバイトを含め従業員の八〇%をノンマニュアルで働かせているくらいだ。スターバックスでは、報酬も心理的価値が重視される。毎年アルバイトの人たちから、模範的顧客サービスなどを行なった人たちを表彰するイベントがある。そこで渡されるのはコーヒー豆の形のピン一つだ。これは外部には販売していないものだが、社内の人があるときネットオークションでこのピンに三〇〇〇円の値がついているのを発見したそうだ。原価五〇円にも満たないピンに、この値段はまさにブランドへの愛着などの心理的価値が評価されているからに他ならない。スターバックスではこういうことを、心理的報酬(サイコロジカル・ベネフィット)と呼んで重視している。

一方で店舗ごとのサービス品質の覆面調査を徹底して行なう、心理的価値重視の成果主義も重要な役割を果たしている。成果主義が問題なのではなく、機能的価値重視、個人数値重視の成果主義が、とくに非上昇志向系の人たちにはやる気をなくす原因になり得るということだろう。

このスターバックスコーヒーのような考えを持った組織が増えつつあるいま、逆にすべてを目的合理的に数値目標でマネジメントしようというのは、むしろいまの時代のニーズに合わなくなっているといっていいかもしれない。

それに目的合理的なマネジメントは、上昇志向が強い人をやる気にさせるのには役立つかもしれないが、それではスローキャリア志向の人のモチベーションは高まらないし、彼らも目標管理などされても窮屈に感じるだけだ。

スローキャリアをめざす人には、たとえば成果申告型のマネジメントなどが効果的だろう。成果申告型マネジメントでは、最初にかっちりした達成目標を決めるのではなく、一人ひとりとコミュニケーションをとりながら、とりあえず漠然とした期待成果や期待役割をまず決めておく。その際、事業ビジョンや企業戦略はもちろんお互いが理解し合っていることが前提だ。そのうえで社員は自律的に目標を立て、それに短期で修正を加えながら自分が価値あると思う行動を、自身のポリシーに基づいてとる。そしてその結果に関しては、「今期の成果はこうだった」というふうに会社に説明する責任が発生するのだ。

このように成果申告型マネジメントでは、目的合理的な行動を求めない代わりに、結果に関してはどういった成果があったのかということを、きちんと説明できなければならないのである。

あるいはまた同様の理由で、勤務態度のような会社や上司への忠誠心を計るものではなく、行動指針や心理的価値を見るプロセス評価も、これからは重要になってくると思われる。とにかく、目的合理だけでマネジメントができる時代ではないのであるから、成果主義をとるにしても、成果申告主義型マネジメントやプロセス評価のような価値合理的な成果主義でないと、今後スローキャリアをめざす人たちの違和感を払拭するのは難しいであろう。

価値合理的な成果主義で気をつけなければならないのが、仕事がプロセス型の動機や対人関係動機によってドライブされていくので、ともすれば自己満足に陥ってしまう恐れがあるという点だ。ホームパーティの例でいえば、自分がつくりたいからとお客の口に合わない料理ばかり出しておいて、「どうだ、美味かったろう」とホストが賛辞を強要するようでは、次から誰も出席してくれないはずだ。

このように価値合理的というのは、自分の動機を満足させればいいということでは決してなく、顧客に提供すべき価値とはなにかという「顧客提供価値」を常に意識していなければならないということを覚えておく必要がある。

これをもう少し詳しくいうと、最初に目標があってそれを分解していくのではなく、これは価値があることかどうかを一人ひとりがその場で判断しながら、創造的に仕事を進めていくのが価値合理的な成果主義であって、その際事業ビジョンや顧客提供価値はなんなのかということは、いつも頭の中になければならない。

また一方で、事業ビジョンの中でもっとも重要なことは、顧客提供価値とはなにかを定義することかもしれない。

商品自体の機能的価値なのか、その商品を使ったときに発生するソリューション的価値なのか、それとも商品の安心感のような心理的価値なのか。そしてこの中でも、ソリューション価値や心理的価値のように数字に表しにくいある種の抽象的概念を、一つの価値基準として事業ビジョンの中に定義し、組織の隅々まで伝え浸透させることができれば、数値による目標管理では動かないスローキャリアの人たちも、うまくマネジメントできるのではないだろうか。そしてそのような柔軟で自律的な組織こそが、いま求められているのである。

私の勤務した、マッキンゼーやワトソンワイアットといったコンサルティングファームにも、具体的な数値目標に基づく管理や評価というのはなかったと記憶している。理由はいくつかある。まずコンサルティングというのはプロジェクトに合わせてスケジュールが決まるので、どんなプロジェクトが入るかは期が始まってみないとわからないから、四月に年間の個人目標をたてるようなことはそもそもできないのだ。それにプロジェクト自体も動き始めたら、解決すべき問題が最初の仮説とは違うところにあることがわかって、数ヵ月後にはプロジェクトの目的がまったく変わっていたなどということも珍しくないのであって、プロジェクトの方向が変化すればプロジェクトメンバー一人ひとりの役割もまた動く。

つまりこのような業態では、目標で管理しようにも目標を決めようがないのである。

それにコンサルティングを行なってクライアントの業績がよくなったとしても、果たしてそれがコンサルティングの結果そうなったのかといえば、正直よくわからないところがある。もちろんクライアントの業績を上げることは重要だが、コンサルタントが入ったことと業績の伸びの相関関係を証明するのは簡単ではないのだ。

それよりも真の意味でコンサルタントの価値を決めるのは、クライアントの満足度であろう。依頼主の経営幹部にいい仕事、価値ある仕事をしてくれたと思わせることが、コンサルタントにとっては数字以上に大切なことなのである。そうすると具体的には、分析やプレゼンテーション、レコメンデーション、フォローアップこれらアウトプットの質が問われることになる。この質的な部分でクライアントと深い信頼関係を築ける人が、優秀なコンサルタントと評価される。

つまりコンサルタントの仕事の成果というのは、数値ではなくクライアントの心理的価値なのだ。

さてここで、企業においてポストや序列がなぜ必要だったかという点にも再度触れておこう。ポストも序列も、明らかに報酬である。上昇したいという動機のない人にも無理して努力してもらうために、会社が用意した褒美にほかならない。ところがそういう考え方の成果主義がいま、非上昇志向の社員を精神的に追い込んでいる。

さらに定年制に関しても、目的合理の成果主義で「行け！行け！」と尻を叩くだけで、従業員の自律的キャリア形成に無頓着だったり、スローキャリア型人材の活用を怠ってきた企業が、これからも六五歳定年を敷いていけるとは思えない。おそらく多くの人がその年齢を前に燃え尽きてしまうだろう。

多様な働き方の実現

長寿社会と上昇志向動機の減退の中で、企業の継続的成長は可能なのだろうか。

まず企業であるかぎり、成長をめざさないわけにはいかないのはいうまでもない。それから六五歳定年制というのは、日本では明らかにそうあってほしいと社会的に望まれているが、それにはこれまでの企業戦士のような上昇志向ではないスローキャリア社員にも、充実して六五歳まで働ける環境を用意しなければならない。したがってこのスローキャリア社員をどう扱うかがポイントとなる。

そして、これらの課題を同時に解決するためには、多様な働き方や労働力を企業が受け入れる人事制度や人材マネジメントの確立にかかっているといえよう。

たとえば経済成長に沸く中国では、優秀なプロフェッショナルやマネジャークラスの人材確保のため、長期の上昇志向対応型人事から短期の上昇志向型への切り替えが行なわれつつある。どういうことかというと、それまでは中国の民間企業も日本のように年功序列があって、従業員の成果に対しては将来の出世で報いるというように、労使とも長いスパンの雇用が前提だった。ところがいまの中国では、そんなマラソンみたいな一回きりの勝負では、ホワイトカラーのモチベーションを高めることができないのである。そこで従業員には短期の目標を繰り返し与えそのたびに評価するという、短距離走のような成果主義に人事制度を変えるところが増えてきているのだ。

一方、日本でも上昇志向が強い若手を、四〇歳代前半で社長に登用するような思い切った人事を行なう企業が、上場企業の中からも出てきている。

このように、従業員の上昇志向を上手に利用した目標管理型の成果主義には、近年さまざまな工夫が見られる。ところがスローキャリア対応のほうはまだまだ十分とはいえないのが現状だ。

たとえば企業は「ダイバーシティ（多様性）はビジネスチャンスをもたらす」ということを、もっと考えなければならない。

いい例が女性労働力だ。これまで女性というのは、上昇志向の強いアチーバー型にかぎって男性と伍して活躍する場を与えられてきたが、非上昇志向の女性には、会社の中でキャリアを築く機会や場所というのはほとんど用意されていなかったのである。非上昇志向であっても男性であれば、会社依存型キャリアを築くという手もあったが、女性にはそれも許されていなかった。この女性の活用というのが、どの企業においてもこれから大きなテーマとなってくるはずだ。

アメリカではいま「タイガー・ウッズ効果」ということがしきりにいわれている。もともとゴルフというのは白人のスポーツだった。ところがタイガー・ウッズは黒人とタイ人のハーフである。このマイノリティのスターが現れたおかげで、ゴルフクラブを握る層が一気に広がり、巨大なマーケットが生まれた。このようにダイバーシティでビジネスチャンスやマーケットが広がることを、タイガー・ウッズ効果と呼んでいるのだ。

そして「ダイバーシティは儲かる」というのがいま、アメリカでは合言葉になっている。企業においても、女性だろうが外国人だろうが、あるいは非上昇志向のスローキャリアであっても、能力と意欲のある人間はすべて戦力として活用できる、そういう人事制度を持っているところがこれからは成長していくのは間違いない。

また派遣社員に関する規制緩和など、多様な働き方を国も認める方向にあるのは嬉しいことだ。

このほかにも青色発光ダイオード裁判の結果などを見れば、個人と会社の関係が変化しつつあることがよくわかる。

一律の就業規則、包括的な労働契約、そしてすべての従業員に同じ考え方を押し付けるのはすでに現実的ではなくなってきている。これから必要なのは、多様な個人個人の活用に適した新たな人事制度だ。

日興コーディアル証券の、ファイナンシャル・アドバイザー（ＦＡ）制度は、まさにこれからの時代を見据えた人事制度のいい例だ。

これまでの証券会社であればまずノルマがあり、営業マンはこぞってノルマの達成を目標とさせられた。ただ営業成績によって翌年給料が二倍、三倍になるようなことはなく、会社の規定に沿った昇給と出世が用意されていただけだった。転勤にしても、証券会社の営業マンというのはだいたい三年で転勤するので、ある意味顧客にとっては無責任ではあるが、一ヵ所で同じ顧客と長くつきあうより、三年ごとに新規開拓させたほうがメリットがあると会社は考えたのだろう。ノルマも転勤もそれがいい悪いというより、将来ずっとこの会社に勤めたいのなら黙っていうことを聞けというやり方で、日本の証券会社は大きくなってきたのである。

これに対しＦＡ制度というのは、まず単年度契約であるという点でそれまでの正社員と大きく異なっている。それで一年目はいくら、二年目はという具合に売上高のハードルが決まっていて、それをクリアできることが契約更新の一つの条件となっている。これが正社員のノルマと明らかに違うのは、自分が獲得した利益はコミッションという形で自分の収入になるということと、社員なら当然あるであろう売り方や報告に関する細かい指示がなく、そのあたりはすべて営業マンの自律的判断に任されているという点だ。もちろん転勤もない。

日興コーディアル証券はこのFA制度を導入したことにより、働く意欲はあるが管理されるのは嫌だという、それまで正社員として適さなかった人材も採用し活用することができるようになったのである。

働き方の多様化を認めるという意味では、リクルートのキャリアビュー制度も注目を集めている。これは最大三年間の専門職契約社員制度だが、正社員との間にまったく序列をつけないのが特徴だ。すでに会社全体で二割がこの制度の社員だというから、このような働き方を望んでいた人が、それだけたくさんいたということなのだろう。

イオングループは、コミュニティ社員制度というものを導入している。これは正社員で転勤のないコースを選んだ人と、パートタイマーの序列をなくし、とにかくその地域で働く人はみな同じコミュニティ社員と見なすという制度だ。そこでは仕事内容や評価基準も統一されていて、極端な話が正社員とパートタイマーの差は労働時間だけなのである。

このように従来の組織や序列にこだわらない新しい人事制度がダイバーシティの進捗を促し、ひいてはスローキャリア志向の人の求心力となっていくのだと思う。

第六章

スローキャリアにおける
判断のものさし

スローキャリアというのは働き方のプロセスであって、七つのポリシー（第三章）と一〇の行動特性（第四章）で考え、日々の仕事に取り組むことが、スローキャリアを実践するうえでの基本である。

とはいえ人生にはやはり節目というものがあり、節目での判断を間違えるとスローキャリアをめざすのに支障をきたしたり、遠回りを余儀なくされたりする場合もある。

そこでこの章では、スローキャリアのための節目の判断について考えていこうと思う。

支配欲の強い会社は危険

重大な決断を要求される人生の節目のうち、代表的なものといえば会社選びだろう。その会社選びの際、スローキャリアをめざす人ならできれば避けたほうがいい会社というのがいくつかある。そのうちの一つが支配欲の強い会社だ。

たとえば男性社員だと介護休暇を取れないとか、管理職になると有給休暇が取りにくくなるようなところは要注意だ。こういう会社は勤務態度というものを非常に重要視するが、勤務態度とはそもそも、どれだけ会社に魂を売っているかを測るものさしにほかならない。そういう従業員に献身を求めるような会社の経営者は、従業員が管理できなくなることを恐れているから、従業員の自律的キャリア形成などという話に進んで耳を傾けようとするはずがないのである。

終身雇用を保証するという発言をしばしばする経営者にも気をつけなければならない。なにも終身雇用がいけないといっているのではない、その発言の裏に隠された経営者の真意を読み解くことが必要だといっているのだ。そうするとそこにはたいてい「俺のいうとおりにやれ。子分でいるうちは守ってやるぞ」という支配欲、影響欲にドライブされた経営者の姿が透けて見えるはずだ。いまのような変化の激しい時代に、無償で安定や雇用が保証されるなどと考えてはいけない。そこには支配の構造を受け入れるという代償が必ず隠されていると考えて間違いあるまい。

支配欲の強い会社がなぜスローキャリアの人に向いていないかといえば、従業員の成果や貢献以上にどれだけ会社のいうことを聞いたかや、自己犠牲に耐えたかが評価されるようなところで、自分らしい働き方が許されるとは考えにくいのである。

以前、男女雇用機会均等法が施行された当時、人事部のマネジャーを集めた覆面座談会があり、その時の記録にこんなものがあった。

「なぜ女性社員は使いにくいか」という話題になったとき、ある会社の人事部長が「女は正義感が強すぎる」と発言したのだ。彼はなにを発言したかったのかといえば、女性は会社のいうことを聞いても一生面倒を見てもらえる可能性が低いので、納得できないことがあるとすぐ口ごたえするから使いにくいということだ。まさに支配力の強い会社の典型的な発想である。

またある流通大手の会社では、オフィスの机がすべて通路側を向いて、あたかも学校の教室のように配置されているという。ただ教室と違うのは、教卓にあたる部長席がいちばん後ろの窓側にある点だ。これだと従業員はオフィスにいる間、常時部長から後姿を監視されていることになる。こんな管理や支配の強い会社に入ったら、スローキャリアをめざす人は一日と耐えられないだろう。

フレックス制度に否定的な会社も、支配欲が強い可能性が高い。そういうところの人事は、みんなが同じ時間に顔をそろえてコミュニケーションを図ることが、チームワークのために重要なんだというような言い方をするが、こういう会社では自律的なキャリア形成など主張しても、単なるわがままと片付けられるのがオチだ。

従業員を管理したいというのは、根底に「好きにやらせれば生産性が落ちる」「自律を認めるなどといったら若い社員はすぐに辞めてしまう」という人材マネジメントに対する考えが経営陣にあるからである。

だから転職者や、希望が叶って他部署へ異動になった社員を職場のみんなが喜んで送り出してやるような風土がない会社というのも、そんな経営者の支配欲の強さが末端まで浸透してしまっているといえよう。自分たちは我慢して働いているのにあいつはとんでもない裏切りものだということになってしまうのである。気をつけないといけないのは、このような会社には、エクセレントカンパニーとされている業績好調な会社も少なからず入っているということだ。支配欲、影響欲という上昇志向は、良い意味では日本を変革した＝自分の部下は守りたいという方向に行く。だからこれがうまく作用すれば、社会的評価の高い会社になるだろう。しかしスローキャリアをめざす人に向いているかといえば、おそらく違うだろう。

上昇志向をあおる会社に入ると第二市民になってしまう

数値目標を掲げ、上昇志向をあおることで従業員をその目標に向かって走らせようという会社は、ともすれば、数字なき者は人間にあらずというように、人間性まで目標の達成度で測るようになっていくものである。リーダー人材育成に熱心で、少しでも人より早く抜擢され昇格することが喝采を浴び、逆に昇格競争に落ちこぼれた人は負け組として見られやすい会社も同様だ。リーダーをめざさない者は人にあらずという感じだろうか。

こういう会社は、もともと上昇動機のある人ならいいが、そうでないスローキャリアの人にとってはかなりつらいはずだ。なにしろ会社は全員がリーダーをめざせといっているのだから、目標達成や出世のための努力をしない人は落伍者と見なされ、ファイティングポーズをなくした途端、組織を追われることになりかねない。

もしそこにいることが許されたとしても、第二市民として不遇をかこつのは避けられないであろう。

マニュアル型組織では自分らしさを発揮できない

なぜマニュアル型組織が成立するかというと、その組織においては価値を創造し顧客に提供するという仕組みが、システムとしてできあがっているからだ。

顧客に対する価値提供で、その会社が優位性を持つためには、複数の価値の中で五点満点の五点が一つ、二つあり、残りはせいぜい三点を確保していればいいのである。ハンバーガーを例にあげれば、競合他社に比べ格段に美味しく、しかも極端に安価であるという必要はないし、そもそもそんなものは現実的でない。値段は他社並だがとにかく味がいいとか、逆に味はまあまあだがどこよりも安いとかいうふうに、どこか一つの価値が秀でていれば十分勝負できるのであって、どの価値を突出させるかがまさに戦略なのだ。

マニュアル的仕事が多い組織というのは、この五点の価値を創造する仕組みがすでにできあがっている可能性が高い。それは強烈なリーダーシップを持ったオーナー経営者かもしれないし、ひとりの天才かもしれない。あるいは一部の優秀な本部スタッフの創意工夫かもしれない。とにかくそういうひとにぎりの人が組織を支えてくれているので、残りの人たちはマニュアル化された業務をこなすことで、他の部分の三点死守に努めてくれればそれでいいというのがこの手の組織の特徴だ。

こういう組織に入ると、創造的なことを苦労してわざわざ考えなくても、ただ与えられた手順どおり仕事をしていれば給料がもらえるのだから、楽といえば楽だが、自律的に仕事に取り組む能力は養われないので、組織そのものが破綻しマニュアルが通用しなくなったときは、途方に暮れるしかないということになる。

アパレル業界の人事担当者に聞いたことがあるのだが、販売職で採用した社員のこれまでのアルバイト歴を調査したところ、ファーストフード店で働いたことがある人の割合が高かったそうである。しかし同じファーストフードでも、マニュアル型のチェーン店より、ノンマニュアル型の店で働いた経験のある人のほうが、自分で物事を自主的に判断し、組み立てる能力が明らかに勝っているという結果が出たという。

たとえアルバイトであっても、自律的に仕事に取り組んでいれば、それがその人のキャリアをつくるうえで血となり肉となるという非常にいい例といえよう。

スローキャリアカンパニーの特徴

●1、序列が少なく開放的で多様性がある。
机の大きさで差をつけるような、そういう序列を表す記号的なものが社内にあまりない。また支配的マネジメントスタイルをとっておらず、従業員が社外ネットワークを持つことには寛容で、社内の仕事にも多様性がある会社。

●2、商品やサービス、戦略などに質的こだわりがある。
売れればいい、会社が儲かればそれでよしというのではなく、従業員が誇りを持てる商品戦略、経営戦略をとっている会社。その会社の社員が自社製品を使っていなかったり、他社の商品の真似ばかりしているような会社では、働いていても誇りなど持てないだろう。

●3、自己裁量度が高く、成果を問われるマネジメントスタイル。
仕事における個人の裁量度が高く、同時に成果や責任を問われる会社であれば、自律的にキャリアを切り拓く力をつけやすい。なかには個人の裁量でどうにかできる部分は小さいのに、責任だけは個人に押し付ける会社もあるので注意が必要だ。

●4、行動指針やコンプライアンス（法令遵守）がはっきりしていて守られている。
たとえばチームワークなら、単に職場の人間が仲がいいということでなく、チーム全体が協力しながら成果を出すということである意識が、従業員全員に徹底している会社。あるいは法律違反のような、やってはいけないこと、越えてはいけない一線という認識が共有されていて、なおかつ遵守されている。それも個人の行動を逐一管理した結果そうなのではなく、やってはいけないことをやるのはそれが数字を上げるためでも許されないという空気が会社にあることが重要である。

●5、キャリア自律への健全なプレッシャーがある。

若いうちから自律的なキャリア形成をするべきであるという雰囲気が会社全体にあると、そういう癖がつきやすい。能力開発と成果主義は矛盾しないので、たとえば二〇歳代は育成期間だから成果は問わないから、その代わり指示に従えという会社より、明確なビジョンを提示され成果に対する健全なプレッシャーもあるほうが、仕事に必要な能力は早く獲得できる。また成果を問われすぎると能力開発の時間がなくなるのではと考えがちだが、成果主義の縛りが弱いと逆に、能力開発のために自己投資しようというより、リラックスしたいという方向に人は気持ちが振れてしまいがちなのである。

先のキャリア・リソース・ラボラトリー（ＣＲＬ）の調査結果でも、二〇歳代のうちから変化が激しく、スキルもすぐに陳腐化してしまうような分野で仕事をしている人ほど、自律的に学ぶ習慣が身についている。

●6、採用時に、働く価値観や組織ビジョンをはっきりする。

中途採用の場合、単純な職務経験以上に、過去の実績やその実績をあげる過程でなにを考えどんなことをしてきたかというプロセスを重視する、あるいは会社のビジョンを具体的に示し、あなたは共鳴できるかというように、個人と組織との価値観の適合を確認する、そういう面接を行なう会社であれば、スローキャリアの人が働きやすい環境が整っているといえよう。

逆に表面的スキルや経験を聞き、そのスキルや経験が用意しているポストの仕事をこなすのに適当かどうかで採用を決める、いわゆる「スペック採用」をしている会社では、個人のポリシーや価値観が二の次にされる恐れがある。

●7、自律的キャリア形成への具体的な取り組みがある。

社員の自律的キャリア形成を重視しているというメッセージを、経営者が発信している。あるいはそれを支援するための具体的取り組みが社内でなされている会社。社員が希望の職種における社内公募制度などがいい例だが、その制度を利用して異動する人を、元の職場が明るく送り出す風土があるかどうかも大切である。

転職という選択肢の意味

スローキャリアをめざす人にとって転職の問題というのは、どんな会社を選ぶかということより、いまの仕事の悩みが転職によって果たして解決するのかどうか、その判断のほうだろう。

たとえばいまの会社よりいい給料、上のポストを求めて、スキルと経験を活かせる同業他社の間を渡り歩くジョブ・ホッパー型転職というのがある。これなど上昇志向型の人にこそ勧められるものの、スローキャリアの人にとっては、はっきりいって望ましくないタイプの転職だ。

スローキャリアをめざす人がまず考えなければいけないのは、目先の給与のことよりも、自分のキャリアに対し、いかに投資するかということである。だからもし給与を考えるというなら、いまの給与と転職先のそれとの比較ではなく、自律的なキャリア形成の結果獲得する生涯給与のほうを考えるべきなのだ。

会社とケンカして転職するというのも、スローキャリアにとってマイナスの転職だ。困難に突き当たるたびに会社や上司のせいにして会社を辞めていたのでは、スローキャリアに必要な柔軟性や自己主張性が育成されない。それにケンカが原因で辞めるとなると、辞めた途端それまでの人脈を失ってしまうことになりかねない。そんな転職はできればしないほうがいいのである。

転職というのは離婚と似ている。どちらも双方の努力によって避けられるのなら避けたほうがいい。ただし家庭内離婚という言葉もあるように、結婚生活を続けているからその夫婦は幸せだとは一概にいえないのであって、明らかに価値観が違っており、それが話し合いではどうにもならないというのであれば、離婚なり転職というのはいまより幸せになる一つの手段になりえるといえよう。

そういう意味でスローキャリア実現のための手段として有効な転職が、キャリアチェンジ転職だ。いまの職場や仕事ではどうにも自分らしいキャリアをつくれそうにないが、かといって社内の他部署に異動もままならない。まさにデッドエンドキャリアの袋小路にはまっていると感じるのなら、抜け出るために思い切って他業界、他業種へキャリアチェンジ転職を図るという手はある。業界や業種が変わればそこで新たな人脈もできるし、なにより自分のキャリアに多様性が出てくる。前の会社とケンカして辞めるのでなければ、それまでの人脈を切ることもももちろんない。だがキャリアチェンジ転職においても、会社を変わるたびに人脈が途切れるようなら、その場合は自身の人間力になんらかの問題があると考えたほうがいいかもしれない。

転職には出戻りという選択もある。私はこの出戻りというのは、決して悪いことではないと思っている。なぜなら元の会社に戻ろうにも、声をかけてもらえなければ戻れないわけで、声がかかったということは、以前働いていた会社がその人に、なんらかの価値を感じているからにほかならない。この場合価値というのは、仕事のパフォーマンスが高いというのはもちろんだが、それ以上に働き方に安心感があるとか、裏表がなくて信頼できるとか、そういったその人の人間力にある場合が多いようだ。

人間力に優れ、ハイパフォーマーで、なおかつ自分らしいキャリアをつくる一〇の行動特性を持っている人なら、転職を考えているという情報が耳に入ったとき、戻ってきませんかというオファーがかつて働いていた会社からかかる確率はかなり高いといえよう。それで出戻るということに決めたとすると、そのときはお互いがお互いのことをわかったうえでそうするのだから、入社後にこんなはずじゃなかったと嘆くこともないはずだ。おそらくそれほどハイパフォーマーというわけではない、なにかよほど特別な技能を持っているわけではないのに、出戻りの声がかかるというのは、おそらくその人の人間力、仕事への態度などが評価されているからで、とても意味のあることだ。出戻りではないが、前の会社の上司などが転職先を斡旋してくれるようであれば、同じような評価を受けている可能性がある。特別な能力以上に仕事における信頼感、ポリシーを持った仕事の仕方というのは、いざというとき身を助けることがある。

このように出戻りというのは、スローキャリアをめざす人にとっては悪くない選択なのである。

このほかにも、不況で業績が悪化し会社に未来がないとか、リストラされたなど、転職を考えざるをえない状況はいくつかあるが、その場合も重要なのは、自分がなぜ転職するのかその理由をきちんと分析しておくことだ。

それから、たとえば上司と合わない場合でも、会社を飛び出す前に本当に転職でしか解決できないのかよく考えてみること。サラリーマンであれば一生のうちに何人もの上司の下で働くのであるから、なかにはどうしても合わなかったり、問題のある上司に当たってもおかしくはないわけで、逆に素晴らしい上司しかいなかったというようなら、その人は仕事に対する問題意識がかなり稀薄なんだと思ったほうがいい。

それで自分と合わない上司と遭遇してしまったとしても、布石行動や投資行動をとってやがて来るチャンスに備えるような、プランド・ハップンスタンス・セオリーに則って偶然を必然化していくことをまず考えるなど、転職を決める前にそれ以外の可能性を検討してみることはやはり必要だろう。

これは会社や職場に問題がある場合にも当てはまる。いまの会社や職場でその問題は解決できないか、その可能性を十分検討したうえで転職しても遅くはないのだから。

資格やMBA取得という選択肢の意味

資格には、それを取得することがそのままキャリアにつながるものがある。医者や弁護士がそうで、取得すること自体のハードルが高く、その資格を有していない人は活動を制限される公的排他性があり、なおかつ世の中の需要が高いというのが特徴だ。この手の資格というのは、一度取得しておけばかつてはそれで一生食べていけたが、いまは医者にしても弁護士にしても数が増えており、資格があるから安泰であるという時代ではだんだんとなくなりつつある。

また、持っているだけでは職業として成立しないが、仕事場の武器としてなら活用できるという資格もある。たとえば専門職の女性が男性と伍して働こうとしても、職種によっては女だからということで軽んじられることがある。そういうときは専門性の高い資格を取って名刺に刷り込んでおけば、それが武器となって女性であるハンディを解消することができる。資格はそういう使い方もできるのだ。

それではこのような資格やスキルを取得したり身に付けたりするには、どのような手順があるだろうか。

まず資格を取得するという明確な意思が最初にあり、その勉強をしながらそのこと自体を周囲にアピールし、その資格やスキルを使うチャンスを同時にアピールするというやり方がある。資格取得のために努力している、あるいは実際に資格を取ったという事実は、その分野に本気で取り組んでいるんだということを示す格好の説得材料となるというわけだ。

それから、スキルがなくてもとりあえず新しい試みや仕事を自分がやると宣言し、自ら退路を断って短期集中で新しい仕事に必要なスキルを獲得するという、ジョブデザイン主導というやり方もある。

最後が、仕事とは直接関係ない純粋な資格のための勉強を、日常生活で習慣化してしまうというやり方だ。この場合も勉強の結果資格が取得できたら、それをアピールして資格を活かすチャンスを積極的に求めるべきだ。

どのやり方をとるにしても、せっかく取った資格や身に付けたスキルも、溜め込んでいたら意味がないばかりか、使わないでいるとすぐに腐るということは忘れないでいただきたい。資格を取れば自分の市場相場がいくら上がる、キャリアアップできるという発想で取り組むのは、ジョブ・ホッパー型上昇志向の人向きで、断じてスローキャリアではない。思い切ったキャリアチェンジのためのきっかけにする、新しい仕事機会を呼び込む、資格そのものというより勉強の過程で新しいスキルを身に付けるなどが目的なら理解できる。

次に、ＭＢＡやその他のビジネススクール、プロフェッショナルスクール、あるいは専門大学院などの学位取得の意味を考えてみたい。

一つには、それらをキャリアチェンジのカタパルトであると考えることができるだろう。キャリアチェンジはしたいが、次になにがしたいかが定まらない。あるいはやりたいことはある程度見えているものの、目標との距離がありすぎてどうやってそこに到達したらいいかわからない。そんなとき、ビジネススクール等に通うことは、とりあえずキャリアチェンジの第一歩を踏み出すきっかけとなる。ちなみにカタパルトというのは、空母から飛行機が飛び立つ際、弾みをつける機械のことで、もともとの意味は小石を飛ばすパチンコである。

もう一つ、それによって経営視点の疑似体験ができる。とくに大きな組織にいると、若いうちは経営者の視点で仕事をする機会というのがなかなかないはずだ。あるいは技術者だったりすると、組織を包括的に眺め判断するような仕事をするチャンスにはほとんど巡りあえないだろう。これでは将来純粋技術の分野とは異なる、ビジネス的色彩の強いキャリアに進みたくても、そのスキルを身に付けられない。そこでビジネススクールに通うなどして、そこで経営者の仕事を疑似体験し、経営視点を身に付けておくのである。実際、技術者でありながら、経営者の視点で仕事をとらえることができるようになれば、それだけキャリアに厚みも増し、希少価値も出てくるのは間違いない。

それから、ビジネススクールのシニアクラスで学ぶ人には、経営のプロフェッショナルとしての基盤をつくりたいという人も多いようだが、そのように経営的な仕事をしたことがある人が、あらためて経営を体系的、包括的に学びなおしたいときにも、ＭＢＡやビジネススクールは役に立つ。

このようにＭＢＡやビジネススクール、プロフェッショナルスクールというのは、短期に結果を出したい上昇志向の人ばかりでなく、自分らしいキャリアをつくりたいというスローキャリア志向の人にとっても、十分使い勝手があるのである。

ただし資格同様ＭＢＡやビジネススクールも、取得すればいい、通えばなんとかなるというものではない。次にやりたいキャリア目標がまだ定まっていない人も、なんのためにそれをするのか、自分の中にちゃんとその答えを持って行動を起こすことが大事なのである。

キャリアにおける報酬の意味

お金には機能的価値と、象徴的価値あるいは心理的価値の二つがある。このうち機能的価値がより大きな意味を持つ、つまりどれだけ報酬をもらえるかでキャリア目標を決めざるをえないというのは、快適で満足いく生活を送れるだけの収入が得られていない場合か、あるいは生活の固定費が上がりすぎて現在の収入でそれをまかないきれない場合かのいずれかであろう。

たとえば戦後から高度成長の頃くらいまでの日本は、モノが一つ増えるごとにそれだけ生活が豊かになっていく実感があったのであって、多くの人は収入が増えることをいちばんに望んでいた。だから年功昇給やベアがインセンティブになったのである。まさにお金の機能的価値がなににもまして重要な時代だった。

ところが現代は、当時「3C」といわれたカー、クーラー、カラーテレビを大学生でも当たり前に持っていることからもわかるように、昔に比べかなりの割合の人が、すでに快適な生活水準を保っている。そうするといま、お金の機能的価値を求めるのは、快適な生活をしたいというよりむしろ、身の丈以上の生活を求めすぎたことによって生活がインフレをきたし、その帳尻を合わせるためもっとお金が必要になってしまった人なのではなかろうか。

だとしたらそれは収入を増やさなくても、固定費を下げることでも解決することができるのであるから、報酬額が高いことによるモチベーションは明らかに下がっていると考えられる。年収一四〇万円でそこそこ満足した生活を送っているフリーターに、時給を九〇〇円から一〇〇〇円にあげるから茶色の髪を黒に染め直せといっても、ほとんどの人は時給九〇〇円のままでいいから、髪の色はそのままでいたいと答えるだろうことは容易に想像できる。

あるいは結婚や出産で仕事を辞め、生活の経済的部分はパートナーである男性に依存していた女性が、なんらかの事情で子どもを連れて離婚をした場合などは、生活を維持するため機能的価値としてのお金がすぐに必要になるだろう。ちなみにこういうことは決して珍しくはないので、女性はいつシングルに戻っても大丈夫なように、できるだけキャリアを途切れさせないようにしたいものである。

いずれにせよ現代では、普段から固定費のかからない、生活費の損益分岐点が低い生活を心がけていれば、キャリアを選ぶとき報酬という条件に必要以上に制約されることがなくなる。報酬にこだわらなくてすむのであれば、キャリア選択の際、それだけポリシーや価値観を大事にすることができるのだから、生活費のインフレにはくれぐれも気をつけたいものだ。

一方、お金を象徴的価値という側面でとらえると、できるだけたくさんほしい、いくらあっても足りないということになりかねない。株式公開を自らの財産形成の手段としか考えないアントレプレナーや、自分の値段を上げることに一生懸命なマーケット上昇志向型のビジネスマンなどは、まさにこのお金の象徴的価値に魅せられ、無間地獄に落ちてしまった人たちといえよう。

そもそも人間というのは売りものではないのだから、人に値段はつけられないのである。値段がつくのはその人の労働力や知恵、あるいは期待成果、期待役割、期待貢献という商品であって、人間というのはあくまで、自分が生み出すそういう商品の売り手なのだ。

だからあたかも一物一価のように自分に値段を付け、それを上げることを目標にするような生き方はほとんど意味がないと断言できる。

たとえば収入が自分の価値と考えるなら、業界全体の給与水準が高いところに行けばいいというだけの話だし、忙しくて残業の多い部署に異動になってその分収入が増えたとしても、それは異動という会社の都合に合わせたからそうなっただけで、別に本人の能力や価値が上がったわけでもないのは当たり前のことだ。

それなのに現実には、お金の象徴的価値という外的なものさしでしかキャリアアップを考えられない人が、とくに上昇志向動機を持つ人に多いというのはいかがなものだろう。とくに大企業の肩書きというものの持つ象徴的価値が低下し、終身雇用が崩れてくると、肩書きに代わる外的なものさしとして、収入が強く作用するようになり、損得でキャリアや転職を考える人が増えているのも嘆かわしいことだ。そういう人たちは、一定額以上の収入や資産と人の幸せの実感に明確な相関関係は見られないという事実を知っているのだろうか。

はっきりいおう、スローキャリアをめざす人は、お金という唯一のものさしでその人の価値を決めることができるという、ある種アメリカ的な考え方を否定すべきだ。これはポストに関しても同様である。やりたいことをやるためにポスト権限が必要だというのならわかるが、象徴的価値としてのお金やポストで、自分の評価は決められないのである。

ただし私がいっているのは、お金をまったく無視しろということではもちろんない。人生においてお金というのは、場合によってはたいへん重要な意味を持つ。要はお金をただ一つの価値と見なすのではなく、キャリア選択の際に検討すべき要素の一つとして考えろといっているのだ。

だから人生のフェーズによって、大事なものがお金にシフトするときがあってもいっこうにかまわない。それは自分が、いまはキャリアの投資期なのか、それとも回収期なのかを理解していればいいだけのことだ。

これまでの仕事とはまったく違う、新しいキャリアにチャレンジするとなれば、それほど給料は上がらないだろうし、もしかしたら下がることだってあるかもしれない。それでも人生を長いスパンで見たら、ここでキャリアを拡張していかなければならないというときは必ずある。それがキャリア投資期である。

あるいは身内の介護等で、ある程度仕事や収入を犠牲にしても家族のために時間を割かなければならない、そういうライフ重視期というのも人生には必ずあるはずだ。

逆にそれまで自分のキャリア開発に投資した分を回収する、刈り取りの時期というのもなければならない。次の五年間でいままでの投資の回収をすると決めて転職するなら、面接の際に報酬の内容をきちんと詰めておくことが最重要課題になるだろう。

このように、お金がいまの自分にとってどのように位置付けられるのかは、人生のフェーズによって異なることを理解していれば、いたずらにお金の心理的、象徴的価値に振り回されることはなくなるはずだ。

お金に関してはもう一つ、経済的セーフティネットの役割があることを付け加えておく。お金そのものをキャリア目標にするような愚行は避けるべきだが、ある程度蓄えがあればお金のことを気にしなくていい分、それだけキャリア選択の自由度が広がるというのもまた事実だ。やはりこのあたりのことも、フェーズによってほかの要素とのバランスを考えていくしかあるまい。

派遣や契約社員はキャリアになるか

派遣や契約社員がキャリアになるかということを考える前に、正社員として働けば必ずキャリアが蓄積されるのかという点を確認しておきたい。

長年大企業で働いていた人がリストラを余儀なくされ、再就職の面接であなたはなにができますかと尋ねられたところ、「部長ならできます」と胸を張って答えたという笑い話がある。ところがこれがいまは単なる笑い話では済まないのだ。知人の人材紹介コンサルタントによれば、実際こういう人はたくさんいるというのだ。

自分はこれができると具体的にいえるものがなにもなく、目立った実績もない。ただ漫然と部長をやっていたというだけでは、大企業の正社員であっても、キャリアの蓄積にはならないのである。

一方で正社員かそうでないか関係なく、経験や専門知識が大きく評価される職種もある。そういう職種は、職種名で仕事内容が確立されており、しばしばカタカナ職種が多い。このような仕事は、それを何年かやれば、次の転職のとき人材紹介コンサルタントに「これができます」と職種名や仕事内容で明示することが可能だ。また、一定の職種として認知されていない仕事であっても、こういうことを成し遂げたんだという明確に説明可能な実績があれば、仮にアルバイトであったとしても、それは立派なキャリアになる。

たとえばウェブマスターという仕事なら、経験がどれくらいあるとか、情報処理の資格を持っているかより、ものをいうのは実績である。制作を手掛けたホームページの一つ一つが、そのままキャリアとなって積みあがっていくのであって、それをつくったとき正社員だったかどうかなどは大きな問題ではないはずだ。営業職などでも具体的に何を売っていた経験が何年あるかということ以上に、たとえ商品分野が大きく違ってもどんな営業成績を、どのような創意工夫で実現したかが重要だろう。

それから、人脈というネットワークの構築ができる人、責任感や信用、信頼感といった人間力の持ち主。こういう人たちもまた、ネットワークや人間力という自分らしいキャリアで勝負することができる。ポリシーを持ち信頼できる人が、その組織である期間働くことで、特別の専門知識や実績とはいえないが、将来に渡って重要な人間関係が築けるというのもとても意味がある。そのようないずれかのケースであれば雇用形態は関係ないのだ。

第七章

スローキャリアにおける
さまざまな選択肢

組織内プロフェッショナル

プロフェッショナルという言葉はいまでこそ市民権を得て、ビジネスの世界でも普通に使われているが、私が自著『人材マネジメント革命』（プレジデント社）の中で、人材ポートフォリオという概念を説明する際にこの言葉を用いた一九九四年当時は、まだそれほど認知されていなかったように記憶している。

プロフェッショナル（professional）とは、信仰を告白（profess）するというのが語源であり、そこから転じて現代では、聖職者のように自分の欲望には蓋をして、クライアントの利益のために自身の高い専門性を発揮する職業という意味になった。

ここで忘れてならないのは、プロフェッショナルには、常に高潔な職業倫理と自己管理能力が要求されるという点だ。

なぜかというと、クライアントは自分で問題が解決できないから、専門知識を持ったプロフェッショナルに、自分に代わって問題解決を依頼するのであって、そこには当然クライアントが安心して任せられるだけの信頼感がなければならないからだ。どれだけ専門知識があろうと、自分の利益を第一に考えるような人に、誰が全幅の信頼を寄せられるだろうか。

だからプロ野球選手のように、専門性が高い職業に就き契約年俸制で働いていれば、誰でも彼でもプロフェッショナルと呼んでいいかというわけではないのだ。それは単にアマチュアの対立概念としてのプロなのであって、そのような使い方のプロフェッショナルという言葉と、ここでいうプロフェッショナルとはまったく別の使い方なのである。

それでは本来的にプロフェッショナルと呼べる仕事にはなにがあるだろう。歴史的に見ると、専門性に加え倫理観を求められる医者や弁護士という仕事は、早くからプロフェッショナルであると社会から認められてきた。それが時代とともに、会計士、コンサルタント、ファンドマネージャー、年金数理人、キャリアカウンセラーというように、プロフェッショナルの範囲が徐々に拡大していくのである。

たとえば年金数理人なら、明らかに掛け金でまかないきれない給付額を約束するような商品を認めるわけにはいかないし、保険数理人にしても、すべての加入者に保証できなくなる可能性があるような商品設計は、どんなに利益が出ようと認めてはいけない、そういう厳しい倫理観が必要とされるのがプロフェッショナルの職業なのである。

ただ本当ならそういう高潔な職業倫理を欠いてはならない職業なのに、自分たちの利益優先というプロフェッショナルらしからぬ輩も現実には存在している。しかしその結果がどうなるかといえば、不正な会計処理が発覚して破綻したエンロンやワールドコムなどの例が端的に示しているように、倫理的でなくてはならないプロフェッショナルが儲け主義に走れば、いずれどこかで行き詰まるのだ。

英国には企業の取締役をプロフェッショナルと定義し、その適性を公的に判断するＩｏＤ（Institution of Director）という組織がある。これは日本語に訳せば役員協会、あるいは取締役協会で、会社ではないが、かといって日本の経団連や経済同友会のように法人が会員の組織とも違う。いろいろな会社の役員個人個人が会費を払って運営している協会であって、創立以来すでに一〇〇年以上を経ている。

英国では九〇年代の初頭に、企業の不祥事が頻発した。このときＩｏＤは、営利の追求しか考えられないサラリーマン的な取締役が増えてしまったことがその原因だと見なし、倫理観や不正を見抜く取締役としての能力などを判定して、的確性が認められた人のみをプロフェッショナルの取締役であると認証する制度をつくった。

もともと英国では、弁護士や医者も政府が直接認証するのではなく、弁護士会や医師会といった職業団体が個人を認証し、政府はそれを認証する弁護士会や医師会を、その認証プロセスを確認したうえで、認証団体として認可するというプロセスをとるので、取締役もＩｏＤが判定を下すことによって、公認会計士と同じ意味での、公認取締役になったというわけだ。

このようにプロフェッショナルな取締役というのは英国では、高い専門性と職業倫理を持ち、顧客や株主の利益を優先し、不正に屈しないよう自己管理ができる人間であると明確に規定されており、個人や会社の利益のために働くアントレプレナーやビジネスリーダーとは一線を画す試みである。

それではこのプロフェッショナルという概念を、今度は会社組織の中での働き方という観点から見てみることにしよう。

営業職を例にあげると、組織内で上昇志向の強い一群がいる。彼らはクラスター分析（第五章参照）でいえばＤに分類され、出世や報酬などの外的な基準によるキャリア意識は強いが、自分らしいキャリアを築こうという意識はあまりないという、比較的いままでの営業職に多いタイプだ。

ところがこの手のスタイルの営業がいま、こぞって壁にぶち当たっているという事実をご存知だろうか。

在庫が余っているからとか、戦略商品だとか理由はなんであれ、とにかく会社に売れといわれたものを必死になって売ってきたのは、それによって出世という上昇志向動機が満たされると信じていたからだ。ところがすでに時代は右肩上がりではなくなって、組織もこれ以上大きくなりようがない。いくら頑張っても全員に営業部長というポストを会社が用意できないのである。

さらに顧客や会社が営業に求めるものが変わってきている。商品そのものが持つ機能的価値だけではなく、顧客はそれ以上の個人的使用価値とそれを生み出す創意工夫を営業マンに求め始めている。つまりソリューション型の営業だ。

顧客の立場に立って問題解決を考えるには、高度の専門性とテーラーメイド的に商品の使用価値を極大化していく能力が必要になってくる。そうして問題解決という価値を提供することで顧客との信頼関係が深まり、それが会社の利益につながるというのがソリューション型営業だとすれば、それはまさにプロフェッショナル的な営業であると言い換えることができるだろう。

とくに近年はＩＴや証券業界に、このようなプロフェッショナル的営業へのニーズが顕著に見られる。

IBMは九三年から、全世界でICP（IBM・サーティファイド・プロフェッショナル）という制度を実施している。これは高い専門性と価値創造性を併せ持ち、顧客にソリューション価値が提供できる人材を、会社がプロフェッショナルと認め優遇し便宜を図る制度である。

また多くの証券会社では、三年ごとに営業マンを異動させるという勤務体制から、転勤をさせずに一〇年、二〇年という長いスパンで顧客との信頼関係を築く営業スタイルに方針の転換を試みている。そうするとこれまでのように、短期的な売買で数字を上げ、営業部長、営業マネジャーをめざすより、顧客の信頼を得て資産管理にじっくり取り組むことができるタイプの営業が必然的に求められるようになるのである。

彼らはまさに組織内プロフェッショナルであり、専門性はもとより、成果を生み出すプロセスの自己完結性がきわめて高く、自律性があって職業倫理による自己管理ができる人物であるといえる。

弁護士やコンサルタントのような、従来の意味でのプロフェッショナルは、スローキャリアに適した働き方だが、組織の中にいながら上昇を求めるわけではなく、自分の価値観を重視し、価値合理的な働き方をしていくという組織内プロフェッショナルというのもまた、スローキャリアをめざす人にとっては理に叶った選択といえるのではないだろうか。

大組織のスペシャリストか、柔軟な職務拡大か

専門性や資格で仕事をするスペシャリストという働き方もないことはないが、その範囲はそう広くない。たとえば独立した弁護士事務所で働く弁護士がプロフェッショナルなのに対し、法律の知識を買われて企業の法務部に勤務するいわゆる社員弁護士がスペシャリストだ。ただし社員弁護士であっても、契約書に法的な不備がないかをチェックするだけの仕事ではなく、会社に利益をもたらす契約の設計ができたり、あるいは法律以外にも高度なＩＴ知識等があり、それらを利用して自ら営業までできるとなれば、これはもうスペシャリストにとどまらず、十分社内プロフェッショナルの範疇といえる。

このように専門性が複数あって、顧客のニーズに合わせ、直接価値の創造ができるなら、その人がプロフェッショナルになれる可能性は高いのである。

一方欧米型の企業では、仕事のスペックを詳細に定義したうえで、オープンポジション（空きポスト）ができて初めて、そのジョブ・ディスクリプション（職務経歴書）にぴっ

たり合ったレディーメイドのスキルを持った人を採用する、いわゆるスペック型のオープン・ポジション・ドリブン採用をするところがいまだに少なくない。こういう企業と相対するときには、一つの専門性だけをキャリアとするスペシャリストでもかまわない。

たとえば秘書であれば、その職務内容は一般化できるし、採用するほうも、他社と違う特別な秘書の才能を必要とするケースはそう多くないだろう。だからこの場合は、秘書としての専門性が間違いなくあるということが証明できればいいのであって、その際ものをいうのは経験と知識である。

こういう秘書のような仕事というのは、一回専門性を持てばそれを武器に、会社間を渡り歩いていくことができるので、自分のペースでキャリアをつくっていきたいスローキャリア派には、昔から人気のある選択肢の一つであった。

しかしながら、そのようなスペシャリストの活躍できる場は、残念ながら減りつつあるのが現状だ。理由は簡単で、スペシャリストというのはプロフェッショナルと違い、いればいるほど会社の利益に貢献するわけではないからだ。秘書の数を倍にしても、会社の売上は倍になるどころか、かえって人件費がかさむだけだし、契約書をチェックする社員弁護士が増えたところで、契約書の数以上に仕事は増えないのである。

コストはかかるが利益を生まないスペシャリストはできるだけ削減し、逆にプロフェッショナルの養成に費用をかけようという傾向は、いまどの企業にも見られる。だとしたらスローキャリア志向の人も専門性オンリーのスペシャリストより、行動・思考特性も重視するプロフェッショナルを選ぶほうがこれからは有利なのは間違いない。たまたま異動で役員秘書になった人も、過去の定形的職務イメージや専門性にこだわらず、後から「あの人は秘書らしくない秘書だったよな」といわれるような新しい枠組へのチャレンジを心がけてほしい。

それではプロフェッショナルでもスペシャリストでもない、ジェネラリストでスローキャリアは無理なのだろうか。これが案外そうでもないのだ。

いままでの企業は、先に仕事ありきで、最初に組織をつくった後、そこに必要なスキルを持った人間を採用するという順番をとっていたが、最近は信用できて信頼に足る人間力や、会社と同じ価値観を持つことを重視して採用し、彼らの意欲や能力に合わせて組織の設計や職務の定義を柔軟に変えていく会社が増えてきている。以前だったらこういうやり方をするところは、未熟な組織であると非難されたものだが、実はこういう柔軟性に富んだ企業こそがここにきて伸びているのである。まさにこれからは、人という知的資産が会社の明暗を分ける時代なのだ。

この傾向はコンサルティング会社のような、スペック作業のしにくい知的サービス業でとくに顕著に見られる。

またこれまではスペック型の採用が主流だった欧米においても、人間力を重視した採用を取り入れる企業が少しずつ増えつつある。

自律的キャリア形成のところで例に取り上げたサウスウエスト航空は、採用の際、ビヘイビアルインタビューというものを行なっている。これは面接時に、その人の子どもの頃からの行動の仕方を徹底的に聞き出すというもので、その結果他人を喜ばせる行動特性を持った人材を優先的に採用しようという意図がある。なぜかというとサウスウエスト航空というのは、顧客に喜んでもらうことをなによりも最優先するという経営ビジョンを持っているからだ。

だから同じ価値観を持っていることが、彼らにとっては最も重要な採用基準なのであって、逆に職種としてのスペック採用はほとんど行なわれていない。

ところがアメリカの他の航空会社というのは、基本的にスペック採用なのだ。だからA社で整備士だった人がB社に転職する場合は、やはり整備士として移るのが普通であって、整備士だった人がカウンターの営業として転職するなどというケースは、誰に聞いてもまず考えられないと答えるだろう。

ところがサウスウエスト航空の場合は、職種ではなく会社そのものに適性があればいいという方針だから、入社早々それまでとまったくかかわりのない職種に就くことも十分ありえるし、すでに述べたように、入社後も本人の希望があれば、自律的な職種転換が可能な仕組みを会社が用意しているのである。

このサウスウエスト航空のように、人事や組織に対し柔軟な考え方を持った企業を、私はスロー企業と呼んでいる。

いままでであれば、秘書のスペシャリストは秘書としてのキャリアを深めていくしかなかったが、スロー企業であれば、人事や経理といったところにまでキャリアを広げることもできる、そうすれば秘書だった人でも、バックオフィスを任せられるだけのオンリーワンジェネラリストになることも可能なのだ。

こう考えると、スローキャリアをめざす人にとって重要なのは、一〇〇〇も二〇〇〇もある仕事の中から、どれが自分らしいキャリアをつくるのに適しているか思い悩むよりも、オンリーワン・キャリアを可能にしてくれるスロー企業と出会うことだといえるかもしれない。そしてそういう企業に出会えるかどうかは、まさにプランド・ハップンスタンス・セオリーの世界である。

偶然を必然に変えていく、そのためには、出会える機会を増やしチャンスを逃さないこと。人間力を鍛えておくということを怠ってはならないのである。

独立という選択

起業というのは会社を起こすことだが、これに対し独立というのは、個人事業主になることである。だが個人事業主というと、これまでは弁護士や経営コンサルタントのような特殊な職種のみで可能と思われてきた。ところが最近は人事や経理といった職種でも、複数の企業とプロジェクトやアウトソーシングの形で業務委託契約を結ぶインディペンデント・コントラクターという形体も出て目立つようになってきた。

たとえば中堅中小企業がコア人材の中途採用をしようとしよう。するとそういう人材を採用し育成のできる肝心の人事スタッフが社内にいないという問題に、最初に直面させられる。それで慌てて人事スタッフを育てようにも、規模の小さい会社にはそんな余裕がないし、じゃあ中途で経験ある人事マネジャーを募集すればいいのかといえば、必要なのはコアスタッフを採用するときだけなのだから、長く働いてキャリアを積もうと考えている人が応募してくるとは思えない。

そういうときに、この採用のインディペンデント・コントラクターが役に立つのである。

それでは、このインディペンデント・コントラクターのような個人事業主的な働き方に向いているというのは、どういう人なのだろうか。まず自己管理動機の強い人がそうだ。会社に管理されるのでなく、自分で自分を思うように管理したいという人なら、独立したほうがむしろ力を発揮しやすいだろう。逆にこの動機が弱いと、ついルーズな方向に流されがちで、独立した途端に生活が乱れる人も少なくない。

このように自己管理は大切だが、これはなにも生活だけでなく、知的バランスシートの自己管理という意味も含まれる。

仕事を取り巻く環境というのは年々歳々変化しているのだから、仕事のやり方もその変化に合わせスタイルを変えていかないと、気がついたら自分のスキルもノウハウも陳腐化して使いものにならなくなっていたなどという悲しむべき事態になりかねない。これを防ぐには、定期的に自分で自分の棚卸しをするとよい。どれだけ新しい分野に挑戦して実績をつくったか、コンテンツは増えているか、ネットワークの量、多様性、深さはどうだ、そういう自己管理を怠らないようにするのだ。その際、とくにインプットとアウトプットのバランスには注意を払う必要がある。早く仕事を軌道に乗せようとアウトプットばかりしていると、すぐに仕事は陳腐化する。

それから、ここでもやはり人間力は重要だ。独立したら自分の名前で仕事をするわけだが、その個人ブランドを確立するベースにあるのは、信頼や信用というその人の人間力にほかならない。

あるいはまた、宣伝や営業も全部自分でやらなければならないのであるから、ネットワーク力があることも個人事業主の場合はとくに大切であるといえよう。

そして、過去にとらわれない柔軟な発想ができる人であること。大企業出身のコンサルタントが往々にして独立に失敗するのは、これができない場合がほとんどだ。自分は一部上場企業で長く働いてきて、経験も知識も豊富だという自負があるから、顧客にもそれを押し付けようとする。ところがかつて大企業でうまくいったからといって、同じやり方を中小企業に当てはめようとしても、うまくいくはずがないのだ。だがそういう人はこういわれても「いや、前の会社ではこうだった」と、たいてい聞く耳を持たない。こういう知識の切り売りだけで、顧客から学ぼうという柔軟性がない人に、独立はまず無理である。

さて独立したはいいが、仕事によっては個人ではどうしても対処できないものもある。たとえばある程度の人数を集めプロジェクトであたらないと動かせないような仕事がそうだ。独立した人がそういうものを自分から仕掛けようとするなら、ネットワークを利用して、独立した人同士が協力しながら仕事をするようなやり方が考えられる。あるいは思い切って起業してしまうかだ。ところが起業となると今度は、株式公開や社会的プレゼンスがいつの間にか目標になってしまったりする。そうなるとこれは、上昇志向と自律動機の両方に強いアチーバー型の仕事であって、スローキャリアをめざす人の選択ではなくなってしまう。

スロー起業という選択肢

起業にも、上昇志向型、アントレプレナー型とは異なるスロー起業型というものがある。これは利益の拡大や成長を追いかけず、むしろ規模は大きくなくていいから、その代わりポリシーや価値観を大事にする、そういう会社をめざそうという起業のことだ。

数年前、私の知人が、共同で会社を立ち上げた。ところがしばらくすると、考え方の違いから分裂してしまった。この考え方の違いというのがいま振り返ると、まさに上昇志向型とスロー起業型の違いだったのである。

それでは分裂後、この両タイプの経営者のどちらに軍配が上がっただろうか。

上昇志向型の社長のほうは、すぐにインターネット系のビジネスモデルを立ち上げ、数年で特定分野でシェア一位となり、その事業を大手企業に売却し、数十億円の売却益を得て、まさにアントレプレナーとして理想的な成功を収めた。

一方スロー起業型の社長は、わずか二〇名ほどの小規模な会社ながら、提供するプロフェッショナルサービスが市場で高い評価を受け、固定客をつかみ、現在も確実に利益を上げている。

このように形は違っても、それぞれがめざした道で、幸せな人生を送っているのである。お互いが一つの会社で我慢したまま仕事をしているより、動機に合う働き方に分かれてよかったというのが結論だ。

居酒屋にも、上昇志向型とスロー起業型の二つのタイプがある。前者の典型は、多店舗展開をめざす大手チェーンだが、私がよく行くのは、ビジネスの拡大ではなく味や質にこだわる後者のタイプのほうだ。

もちろんスロー起業といっても、利益を無視しては、経営は成り立たない。ただし経営者の利益ばかりを求めるようではスロー起業ではない。そこで働いて知恵と行動を顧客に提供する人、ビジネスの財務的リスクを負う事業の所有者、提供する商品やサービスに価値を感じお金を払ってくれる顧客、この三者がともに利益を手にすることが重要なのだ。ただしそれは短期では難しいだろう。だとすれば、中長期的視点で三者がそれぞれ利益を得るビジネスモデルを構築することが、スロー起業を可能にするポイントであるといえるのではないだろうか。

私が社長を務めていた当時のワトソンワイアットでは、オファーがあっても依頼内容が納得できなければ、その案件はこちらから断るようにしていた。なぜわれわれに頼む必要があるのか、そういう大事なこともわからないのに、ただ売上を増やしたいがために仕事を受注していたら、社員は必ず疲弊していく。疲弊した社員は辞めていくし、そうやって優秀な人材を失えば、結局は会社にとっても株主にとってもマイナスだと考えたのである。私の社長在任中は、依頼のあった仕事のうちおそらく二割近くは断っているはずである。

また私は採用に関しても、上昇志向の強い人と裏表のある人は絶対に入社させないということを徹底させた。社長である私のポリシーに、会社をとにかく大きくしたいという価値観はなかったので、上昇志向の強い人に来てもらっても困るのだ。それからコンサルタントの能力のうち、私はとくに人間力を重視していたので、他の能力は秀でていても、裏表のあるような人とは一緒に働けないと思っていたのだった。

だから必然的に、採用するのはスローキャリアをめざす人が中心となった。

それからローコストオペレーション体制の確立にも私はこだわった。正直にいえば、即戦力として同業他社の優秀な人材を引き抜いたりもしたが、そのときも給料をエサにした引き抜きをしたことはない。おそらくワトソンワイアットに来て、前の会社より給料が上がった人は一人もいないはずだ。私は自分のポリシーや価値観に共鳴してくれる人に来てほしかったし、もっといえば給料が下がってもいいからワトソンワイアットで働きたいという人だけが会社にいればいいと思っていたのだ。

幸いそういう人が何人もいてくれたおかげで、ローコストオペレーションを実現することができたのである。

コンサルティングファームの中には、いかにも家賃の高そうな都心の一等地の高層ビルにオフィスを構え、エントランスの内装はできるだけ豪華に見えるようにして、そうやって顧客の信用を得ようとしているところもある。また贅沢な環境にいるから社員も誇りを持って働けるという考えの経営者もいるようだ。だが私にいわせれば、それは上昇志向型の人特有の思考であり、同じようなタイプの社員や顧客の共感しか呼ばないはずだ。

私はスロー起業をめざし、スローキャリア派だけのコンサルティングファームをつくりたかったから、オフィスにお金をかけるという発想がもともとなかったし、逆にローコストオペレーションに徹底的にこだわったのである。

それからもう一つこだわったのが、社内から序列を感じさせるものを一切排除するということだ。

一つは机の大きさ。これを秘書から社長にいたるまでまったく同じ大きさに統一した。また机の配置にも上下関係が生まれないように工夫し、パーティションは低くしてコミュニケーションをしやすくし、会議室以外の個室はすべて廃止した。チーフや主任という肩書きもなくし、プロフェッショナルスタッフには全員肩書きなしのすべて同じ名刺を持たせた。

しかもこのように序列をなくしていくと、それが自然とローコストオペレーションにつながっていくのである。

たとえば個室をつくるとなると、その分の費用を余計に計上しなければならないし、しかもその償却が終わらないうちに社員の数が増えて引っ越すなどということがあれば、そこで特別損失が発生してしまう。また引っ越さないにしても、個室の数が固定されていれば、社員構成の変化に柔軟に対応できないし、個室の数に合わせて役職を決めるような主客の転倒や、個室をもらえない人から不公平感が出ることもある。

このように出世した褒美に個室がもらえるというのは、社員の心理的価値を刺激しモチベーションになるかもしれないが、コストを考えるととても割が合うとは思えないのだ。ベースのコストを極力小さく抑えることができれば、お金のためにポリシーや価値観に反する仕事をやったり、上昇志向のプレッシャーをかけて社員を遅くまで働かせる必要もなくなるのだから、ローコストオペレーションというのはスロー起業の基本概念といえるだろう。そして私はまさにそういう会社をつくりたかったのだ。

結局私はワトソンワイアットの社長を四年間やったが、その間売上を二倍に伸ばし、世界に八〇あるオフィスの中で第二位の利益率を上げることに成功した。自分の思い描いていたスロー起業のやり方で、こうして実績を上げることができたことは、いまでも私の大きな財産となっている。

キャリアチェンジという選択肢

スローキャリアをめざす人にとって、キャリアチェンジというのは重要な選択肢の一つである。ところが日本だと、大きなキャリアチェンジをした人はキャリアに一貫性がない、戦略性に乏しい、計画性不足などと非難されこそすれ、評価を受けることは少ないようだ。

ところが現実には、キャリアチェンジによって自分らしいキャリアをつくっている人は、日本にもたくさんいるのである。

『日経ウーマン』が毎年、素敵な生き方をしている女性を選び、「ウーマン・オブ・ザ・イヤー」として表彰していて、私はこの審査員を毎年引き受けている。

数年前、非常にユニークなキャリアの女性が、たしか二位に選ばれた。彼女は最初、会社で事務職に就いており、そのときは別になにがやりたいということもなかったそうだ。

それでも目標がないと仕事に張り合いもないので、とりあえず社内でいちばん速く電卓が叩けるようになろうと決め、実際そうなった。そうしたらそれが評判になって、別の部署の部長から、チームメンバーに加わらないかと声がかかった。彼女はここで躊躇せず、むしろチャンスだと思って誘いに応じ、積極的に取り組んだところ、その仕事が終わっても次々にお呼びがかかるようになった。

そうこうしているうち今度は、ＮＰＯの活動に出会った。するとこれこそまさに自分がやりたかったことだという気がしてきて、四〇歳代でキャリアをそれまでの会社勤めからＮＰＯに大きく転換し、ついにはそのＮＰＯの代表にまでなって、いまは海外のあちこちを飛び回っているのである。

彼女は「夢は大きく、目標は短期に」というのが自分の人生訓だといっていたが、まさにその言葉どおりの人生を歩んでいる。

そしてスローキャリアをめざす人が彼女から学ばなければならないのは、自分の未来を過去の延長上に見ていないという点だ。彼女の生き方を聞いていると、それまでの経験がいまの仕事に抽象的、間接的に役立っているということは間違いないが、キャリアチェンジの際はむしろ、過去のキャリアに一切とらわれていないのである。

ところがほとんどの人がこういう発想ができない。キャリアチェンジを考えるときも、なにかとこれまでに身に付けた知識や経験に頼ろうとするし、ひどい場合になると、二言目には前の会社ではこうだったと口にして、転職先で嫌われたりする。

キャリアチェンジを考えるときは、過去の経験を活かせるものを無理に探そうとせず、インスピレーションを大事にして、それがいままでとまったく別の仕事であっても、これまでやってきたことは必ずなにかの形でいずれ活用できるくらいに思っていたほうがいい。

ただし具体的にどのように活用できるかは、結局キャリアチェンジをしてみないとわからないのだから、計画的でないことを恐れることはない。とくに若いうちは大きくリスクがとれるし、もちろん中高年になってキャリアチェンジをしたっていいのである。

アメリカの二大コーチ養成機関の一つであるＣＴＩ（Coach Training Institute）、その創業メンバーの一人であるヘンリー・キムジーハウスと、以前当時のＣＴＩの本部であったサンラファエル（サンフランシスコの北）の一軒屋で会って話をしたときのことだ。話題がニューヨークの街のことになったら、とにかくヘンリー氏がマンハッタンの地理に異常に詳しいのである。そこでなんでそんなに細かい道まで知っているのかと尋ねたところ、私は以前マンハッタンでイエローキャブの運転手を七年間やっていたんだと、さも平然と答えたのである。

これには私も驚かされた。もし日本であれば、どんなに素晴らしいコーチングのプログラムを構築した人でも、元々タクシーの運転手だったというだけで相手にされない可能性が高いし、逆に自分は運転手だからコーチングという新しいコンセプトの普及などできるはずがないと諦めてしまうのがオチだ。ところが日本人には無謀にしか見えないこんなキャリアチェンジが、アメリカで普通に行なわれているのである。

また、日本でも『運のいい人、悪い人』（角川書店）が話題になった、心理学者のリチャード・ワイズマン博士とも、たまたま食事を一緒にする機会があってそのときうかがったところ、なんと前職はマジシャンだったそうだ。マジックに騙される人の心理に興味があって、それでマジシャンから心理学者にキャリアチェンジしてしまったそうである。

私はこの話を聞いて、果たして日本だったら、元マジシャンの心理学者が信用されるだろうかと思わず考え込んでしまった。

私は日本でも、彼らのような生き方がもっと肯定的にとらえられるべきだと思うし、そういう素敵な人生をめざす人が一人でも多く現れてほしいと願う。それに過去の職歴や経歴で人間を格付けするというのは、学歴で人を判断する以上に多くの問題を孕んでいる。なぜなら学歴なら、もう一度学校に入りなおしたり、大学院に通ってＭＢＡを取得することも、やろうと思えば何歳でも可能だが、過去の職歴は絶対に消せないからだ。そしてそういう消せない過去が足枷となって、キャリアチェンジを阻み、スローキャリア実現を遠ざけているという現実が日本にはある。

『盲導犬クイールの一生』という映画がある。かなり話題になったのでご覧になった方も多いと思うが、この映画でクイールを演じた犬は、本当に盲導犬の訓練を受けた犬だという。しかし現実にはトレーニングの最終段階で失格となり、ついに本物の盲導犬にはなれなかったのだそうだ。

技能が未熟など、訓練の過程で盲導犬になれずリジェクトされる理由はいくつかあるが、とくに動機に問題がある場合、その犬は盲導犬として長く続けることは困難なので、それがはっきりした時点でリジェクトされるらしい。

簡単にいうと、同じゴールデンリトリバーでも、相手のペースに合わせて歩くのに動機を感じるタイプと、自分のペースで走り回りたいタイプの二種類がいて、後者だと、いくら技能はしっかり身に付いていても、人間でいえば自分を偽って働くことになるのでどこかに無理が来るし、なかには燃え尽きてしまう犬もいるらしい。そうなると犬も人どちらにとっても不幸なので、早めに見つけてリジェクトするのである。

そして、いままではこのような犬のことをリジェクト犬と呼んでいたが、最近ではキャリアチェンジ犬と言い換えているそうだ。盲導犬としての適性はなかったが、犬として失格というわけではないのだから、この言い換えはきわめて正しい。こういう考え方は、人間の社会にもぜひ広めてほしいものである。

東京大学社会科学研究所の玄田有史助教授は、その著書『仕事のなかの曖昧な不安』（中央公論新書）の中で、ウイークタイズという概念を重視している。人生においては深く濃密な人間関係が必要である一方で、広く浅い異質のネットワークを持つこともまた重要だという意味だが、スローキャリアを実践するには、このウイークタイズが時に貴重な役割を果たすことがある。

私自身にも、大学を卒業して数年後に開かれた同窓会に出席した折り、たまたま隣に座った女性から、最近会社を辞めて友人たちとベンチャー企業を立ち上げたという話を聞き、それがその後、当時勤めていた国鉄を辞める一つのきっかけになったという経験がある。いまならまだしも、二五年近く前では大変珍しい話だった。卒業してから継続してつきあいがあったわけでもない、同級生というまさにウイークタイズの関係しかなかった彼女から、人生を左右するような刺激をもらったのである。

また、神戸大学大学院経営学研究科の金井壽宏教授が監修したハーミニア・イバーラの『ハーバード流キャリア・チェンジ術』（翔泳社）には、文字通りキャリアチェンジの実例がたくさん紹介されていて、たいへん参考になる。イバーラ自身もまたこの本の中で、内省と自己理解をいくらやってもキャリアチェンジはできない、まずは行動することが大事だと述べている。スローキャリアをめざす人は、ぜひ読んでおきたい一冊である。

無業という選択肢

やりたいことが思いつかないから学校を卒業しても定職につかない、いわゆる無業という選択肢は絶対に勧められない。やむをえずそういう状態をとるにしても、せいぜい一年が限度である。それ以上の期間になると、後のキャリアに大きな影響が出る可能性も否定できないからだ。

ただし大学教授に与えられるサバティカル・イヤーという研究のための長期休暇のよう

に、社会に出て一定期間働いた後なら、一度自分を無業の状態に置いてみるのも悪くはない選択である。

この無業状態は、フェーズを変えキャリアを見直すギアチェンジの期間だと思えばいいだろう。

私の場合は、マッキンゼーを辞めた後の六ヵ月間、このギアチェンジの期間をとった。最初の三ヵ月間は、夫婦でバックパッキングをしながら世界を放浪した。当時私はまだ結婚して日が浅かったが、結婚して最初の数年は、結婚生活のスタイルをデザインするたいへん重要な時期であるという意識があった。ここをおろそかにすると、あとでとんでもない問題が起こる、取り返しのつかない状況になる可能性がある。ところがマッキンゼーの頃は忙しくて、ほとんどプライベートのことを考える時間がなかったので、二人で旅行をしながらこのあたりの埋め合わせをしようと思ったのである。だから私はいまでもマッキンゼーは結婚退職したといっている。

この三ヵ月間、旅行を続けながらいろいろな人に話を聞きに行き、パリの国際機関で就職の面接を受けたりもしたのである。

転職というと、普通は次の勤務先が決まってから、いまの会社に辞表を出す人が多いのだろうが、裸の自分の可能性が知りたかった私の場合は、まったくのフリーというのにこだわった。そうすると誰とも利害関係が発生しないので、いろいろな情報が入ってくるし、自分がどう見られていたかということも実によくわかった。

旅行で見聞が広がったこともあり、この六ヵ月の無業期間は、私にとっては実に有意義だったといまも思っている。

私の例で恐縮だが、このように一定期間働いて、そこそこの自信がついた人なら、一時期無業という選択も考えてみる価値は十分にある。

第八章

スローキャリアとスローライフ

仕事でスローキャリア企業を支援する

自分自身がスローキャリアをめざすだけでなく、もっと積極的にスローキャリア派が働きやすい社会にしていくことを、一人ひとりが考え実践していくことも重要であり、意義のあることである。

たとえば自分がスローキャリアをめざしたいと思うのなら、給料やポスト、見た目の安定性などにつられてアンチスローキャリアの会社に入ることは、自分らしいキャリアをつくるのに遠回りを余儀なくさせられるだけでなく、社会全体がスローキャリアに優しい方向に向かうのを、邪魔することにもなるということをわかってほしい。

またアンチスローキャリア企業の情報を交換し共有することも、ぜひやっていただきたい。とくに業績がよく人気もあって、マスコミでもてはやされている会社だからといって油断はできない。なぜならその会社が従業員のスローキャリアを支援しているかどうかは、まさに会社のパーソナリティにかかわる部分であって、パーソナリティというのは、数字やマスコミの評判ではわかりにくいものであるからだ。だから会社や業界の内部にいる人の情報というのは貴重なのであって、進んで公開すべきなのだ。

もちろん仕事でつきあう会社はスローキャリア型を中心にして、株もアンチスローキャリア型の会社のものは買わない、つまり経営を支持しないのは当然である。

社会の制度というのは、別に国が決めるものではない。自分は上昇志向には向かない、スローキャリアでいきたいと考える人がそれを自然に実現できる、そういう社会を望むのであれば、まず個人個人がスローキャリア型企業を支援し、そうでないところとは極力つきあわないという行動をとることから始めようではないか。

私生活でスローキャリア企業を支援する

私生活でも目先の都合や個人的な欲望より、スローキャリアをめざす生活者としての価値観やポリシーを大事にしたい。これは言葉を換えれば、成熟した消費者になるということでもある。

具体的には、単に便利だとか、安いからという理由で商品を買わず、あくまで商品の質にこだわる。また会社のパーソナリティに関する情報を持っているなら、目標管理の上昇志向で社員を働かせている会社ではなく、社員が自律的かつやりがいをもって働いている会社の商品を選ぶ。

私はテレビの旅番組などで紹介される豪華なホテルのスイートルームなどが好きではない。旅行者もああいうテレビ映えのする商業主義丸出しのホテルを選ぶというのなら、それはまさに上昇志向そのものである。少なくともあなたがスローキャリアを標榜するなら、テレビには取り上げられないけれどオーナーのこだわりが感じられるようなところに足を運ぶべきだろう。

ちなみに私なら、エアコンはないが天井にはファンが静かに回っていて、よく掃除が行き届き、お湯の出るシャワーさえあれば別にバスタブなどなくてもかまわない。それで周りの自然との調和がよく考えられているようなところを選びたいと思う。

高層ビルの大きなホテルを南の島の海辺に建てれば、工事の過程で必ず土砂が海に流れ込み、そうすればあたりの珊瑚は死滅し海は濁る。珊瑚が死ねば小魚はいなくなるし、そうなったら小魚をえさにする大きな魚も来なくなる。そうやって自然を破壊しているのに、豪華な内装に感心しはしゃぐような、そういう典型的な上昇志向型のレジャーは、もういい加減終わりにしてほしいし、そういうレジャーを進めてきたアンチスローキャリア型企業には、速やかにお引き取り願いたい。

私が、チェーン展開している居酒屋には行かないのも同じ理由だ。リーズナブルな金額で、いかにも顧客に受けそうなメニューが並んでいても、冷凍商品を解凍したようなものばかり食べさせられるのではたまらない。ところが安いんだから、あるいは便利で手軽だからまあいいやと、なにも考えずそういう店ばかりを利用するということは、結局自らの手で自分たちの生活の質を貶《おとし》めているようなものなのである。

情報に踊らされて、グルメ雑誌片手に流行りの店を回るような消費生活もしかり。そういう消費態度を改めないかぎり、アンチスローキャリア型の企業は減らないし、スローキャリア派の暮らしやすい社会の到来がそれだけ遅れるのである。

その一方で、本当に気に入った店あるいは商品に対しては、単なる消費者ではなくパトロンとしての責任を果たすのだ。たとえば顧客のことを第一に考え、素材や味それから店の雰囲気に徹底的にこだわる居酒屋があって、一度行ったらたいへん気に入った、こういう店はずっと長く続いてほしいと思ったら、最低二週間に一度は訪れそこでお金を遣うと決める。これがパトロンとしての責任である。

店も商品も会社も、基本的には顧客が育てるのだという自覚が芽生えれば、踊らされてただ消費していただけという態度も自ずとあらたまるはずだ。そして皆がパトロンのような意識を持つことが、アンチスローキャリア企業を淘汰し、スローキャリアの生きやすい社会をつくるのである。

スローフードとスローキャリアの関係

スローフードというのはいうまでもなく、ファーストフードの対極にある。

食という人間にとってある意味最も重要な業界に、効率や数字という上昇志向的なものさしを極限まで持ち込んだ結果生まれたのがファーストフードである。それに対しスローフードというのは、上昇志向とか目的合理性によってドライブされる食生活とは決別し、人間らしい食のスタイルを取り戻そうということなのであって、ファーストフードのアンチテーゼであり、ゆっくり食べるという意味ではないのである。

だからこのスローフードと私の提唱するスローキャリアの概念は、ともに価値合理性へのこだわりがあり、数字に表れない部分を大切にしようとしているという点でも、基本的に一致しているといえる。

食べ物で好き嫌いが多い、あるいは食わず嫌いというのは、柔軟性の欠如の裏返しである。外国に行って見たことも聞いたこともない料理を出されて、それが口にあうかどうかわからなくても、その土地で多くの人がそれを食べているのなら、経験がないからといって食べられないことはないはずだ。むしろこだわるのなら、自分にとって馴染みがあるかどうかではなく、質、あるいはそれが本物であるかどうかだ。

嫌いなものはなにかと尋ねられたら、私は「まずいもの」と答える。味や料理人のポリシーにはこだわるが、逆に料理や食材の種類に対するこだわりは一切ない。

ところが上昇志向型の人というのは、食事にも目的合理性や効率という概念を持ち込むので、食そのものに対するこだわりは概して薄い。それで少し余裕が出てくると、ワインにはまったりする。しかし根が上昇志向だから、ワインを味わうというより薀蓄の量で周りの人と競争したりしようとするから始末が悪い。当たり前のことだが、ワインの薀蓄競争のことを食へのこだわりとはいわない。

スローフード運動の大きな柱の一つに、こだわりを持っている食材生産者を発掘、支援して、こだわりのある食事のできる環境を維持しようというのがあるが、まさにあなたもこの精神で生活者をしたらどうだろうか。

それからスローフードの柱にはもう一つ、料理人がボランティアで子どもの味覚教育を行なうというのもある。この発想もいただこうではないか。

いまの学生たちはキャリアに関し、正しい情報をほとんど持っていない。三〇歳で人生が決まると焦っている者もいれば、やりたいことが見つからないからフリーターになるしかないと絶望したり、資格さえあればなんとかなるとダブルスクールに走ったりするのも、キャリアというものをきちんと理解していないからにほかならない。

社会に出たら全員が上昇志向で競わされ、これについていけない人は負け組になるしかないという考え方を刷り込まれてしまった若者は、まさにファーストフードで味覚の麻痺した子どもと同じだ。だとしたらわれわれ大人の役割というのは、そんな彼らに働くことの本当の意味や、自分らしいやり方でオンリーワンキャリアを築いていく、そんなスローキャリアの生き方を身をもって教えていくことではないのだろうか。

スローキャリアを支えるスローライフ

スローキャリアというのは、なにも仕事をしている間にかぎったものではない。リタイアした後も当然続くし、続けなければ意味がない。

リタイア後のつきあいの中で、退職した会社の話ばかりしたり、会社での肩書きや組織での序列を自慢する人をときどき見かけるが、いちばん嫌われるタイプだと思ったほうがいい。プライベートに肩書きや組織での序列を持ち込まないというのは、現役中もリタイア後も変わらないスローライフの基本姿勢だが、そしてこのスローライフの考え方が、スローキャリアを支えるのである。

このスローキャリアやスローライフを実現していくためには、少しくらいリスクがあっても大丈夫なように、普段から物理的、精神的セーフティネットを確保しておくとよいだろう。物理的セーフティネットなら、いちばんいいのは生活費の損益分岐点を下げることだ。もちろん貯金があれば、それもセーフティネットになるが、中長期的視点で見た場合、やはり生活費とくに固定費を減らして損益分岐点を下げ、お金という制約条件のハードルを小さくしておくと、それだけ選択肢は増えるのである。

ところがそうなると、逆にやりたいことが決められずに苦しいという人もなかにはいる。こういう人は選択肢が増えると、慌てて増えた分と同じだけの制約条件を自分でつくり、あたかも三元連立方程式のようにして唯一の正解を求めようとする。たとえばいまの仕事に不満を持っていたとしても、転職して給料が下がったら妻になにをいわれるかわからないし、子どもの教育費もかかる、住宅ローンも払わなければならないのだから、やっぱり転職なんてできないんだというように、さまざまな条件で自分を縛って、文句はあるけどこれしかないと無理やりいまの自分を納得させている人がそうだ。

いうまでもなくこんなのはスローキャリアではないし、こういう人はいつまでたってもスローキャリアの実践などできはしないだろう。

結局こういう人は、他に選択肢がない状態が楽なだけなのだ。だが本当にスローキャリアをめざすなら、まず自分にはたくさんの選択肢があるんだという状況に慣れなければならない。それでとりあえず直感でもいいから、自分で数ある選択肢の中から一つを選んでみるのだ。私は電車が好きだという理由だけで国鉄に入ったが、その程度でまったく構わない。大事なのはリスクを取って選択をするという経験を積み、そこから学習することなのだ。

生活費の損益分岐点を下げるのにいちばん効果的なのは、結婚しているなら夫婦二人で働くことだ。ところがたまに結婚したら、奥さんを専業主婦にして家事をさせようとする男性がいる。平均をはるかに上回る収入があるか、巨額の財産がある人ならわからないこともないが、一介のサラリーマンで奥さんを専業主婦にしようなどというのは、奢り以外のなにものでもない。

仮に五年間だけ奥さんが主婦業に専念したとしても、その間の収益を失うわけだから、いくら夫が頑張って働いたところで家計の損失はかなりのマイナスになるだろう。だがそれより大きな問題は、キャリアが途切れることで奥さんの可能性を狭めてしまうことのほうだ。人生はなにが起こるかわからない。病気や事故あるいは会社の倒産やリストラで、あなたの収入がある日突然なくなるかもしれないし、離婚だってこの先絶対ないとは言い切れないはずだ。もし離婚ということになったら、専業主婦で分断した奥さんのキャリアを、あなたはどう償うというのか。

もう一つの精神的セーフティネットは、実は物理的なそれより重要かもしれない。それは帰る場所があるということだ。

人間にとってこの世界は、大きく二つに分けられる。「行く場所」と「帰る場所」だ。「行く場所」というのは、そこに行くのに必ず目的がある、そういう場所のことだ。なんらかの目的があるから、その目的を果たすためにその場所に行くのである。

一方、「帰る場所」にはそういう目的がない。いろいろな場所でさまざまな目的を達成し、やるべきことが終わった人が向かうのが「帰る場所」だ。そこでは目的合理的なことをするわけでもないが、帰ればただほっとする。そういう場所の典型が家庭だ。

ところが中高年になると、家庭もまた「行く場所」になってしまっている人が少なくないようだ。そういう人たちは、風呂に入り食事をして寝る、そういう特定の目的を果たすために家庭に「行く」のである。

おそらく彼らは、結婚すれば家庭は、自動的に「帰る場所」になるものだと思い込んでいたのだろうが、決してそうではない。意図的に努力して「帰る場所」につくり上げなければ、そうはならないのだ。

そういう努力を怠ってきた人が、定年退職の日に離婚を切り出されて、退職金をすっかり持っていかれたりしてしまうのである。

仕事におけるキャリアの構築と、プライベートライフの構築は、ある時期どちらかに極端に傾くことはあっても、長期的にはバランスがとれていなければならない。それは人生の中でフェーズをどうとらえ組み立てていくかにかかっている。そしてどのフェーズにあったとしても、「帰る場所」が確保されていれば、たいていの困難は乗り切れるものだ。だから家庭は大事なのだが、別に家庭でなくても、趣味の仲間の集まりでもなんでもいいのである。要はたとえ自分に非があろうと、一〇〇パーセント自分を信頼して味方になってくれる、そういう人たちが待っていてくれる場所であればいいのだ。そういう場所を、人生の早いうちから一ヵ所でも二ヵ所でも見つけておくことが、いちばんの精神的セーフティネットだと私は思う。

終章

スペシャル対談

「幸せなキャリアづくり」をめざしているみなさんへ

金井壽宏●かない　としひろ
神戸大学大学院経営学研究科教授
一九五四年、兵庫県生まれ。七八年、京都大学教育学部卒業。八〇年、神戸大学大学院経営学研究科修士課程修了。八九年、マサチューセッツ工科大学（ＭＩＴ）Ph.Ｄ（経営学）。九二年、神戸大学博士（経営学）。リーダーシップ、キャリア、モティベーションなどが主たる研究分野。著書に、『働くひとのためのキャリアデザイン』（ＰＨＰ新書）、『キャリア・デザイン・ガイド』（白桃書房）、編著に『会社と個人を元気にするキャリア・カウンセリング』（日本経済新聞社）などがある。

高橋俊介●たかはし　しゅんすけ
慶應義塾大学大学院 政策・メディア研究科 教授
一九五四年、東京都生まれ。日本国有鉄道（現・ＪＲ）、マッキンゼー・ジャパンを経て、八九年、ワトソンワイアットに入社。九三年、同社代表取締役社長に就任。九七年七月、同社を退社し、ピープル・ファクター・コンサルティングを設立。二〇〇〇年五月からは、慶應義塾大学大学院政策・メディア研究科教授も務める。著書に、『キャリア論』『キャリアショック』（ともに東洋経済新報社）ほか多数。

●〝逆算しない行動〟が好ましい偶然を引き寄せる

高橋　スローキャリアの話をすると、「勝負から逃げた、負け犬的な生き方ではないか」という反応が返ってくることがよくあります。とくに経営者層は、「上昇志向のない者はダメ人間である」という意識が強くあるせいか、拒否反応を示すことが多いですね。

金井　経営者層がそう考えるのは、自分が上昇志向の強い人間であるため、自身の生き方を社員に投影してしまうからでしょう。

高橋　そもそも、私がスローキャリアという概念を言い出したのは、〝上昇志向型ファーストキャリア＝勝ち組〟とみる世間の風潮に対し、〝幸せなキャリアづくり〟という考え方もあるんだということを示したかったからです。

それと、学生と接していて、危機感を覚えたことも大きいですね。彼らの多くは、三十歳で人生が決まってしまうと「焦る」か、働くことに「絶望する」か、茶髪でいられることが自分らしさだなどと「勘違いする」か、のいずれかなんです。

金井　焦り、絶望、勘違いの〝三大間違い〟にもう一つ加えるとすれば、キャリアに対してあまりにも真面目に考えすぎることでしょう。真面目は美徳ですが、「こういうキャリアをつくらなければならない」と思いつめると、行き詰まってしまう。「あそび」の部分がないのです。「遊」の字は、白川静の研究によれば、氏神の旗をもって未知の世界へ動いていくことです。

クルマも、ハンドルやブレーキに「あそび」がなかったら、とても運転できない。就職活動にしても、「合法的にいろいろな企業を訪ねることができて、大の大人たちが自分のためにこんなに会ってくれる機会はない」といった具合に考えて、あそび的な要素を多少入れてやらないと、みえるものもみえなくなってしまいます。

高橋　アメリカでは、「キャリアとは明確に目標を立て、それに向かって計画的に形成するものであり、自分の人生をコントロールできない者は失格者である」という意識が日本以上に強くあります。

しかし、そのアメリカでも最近は、「キャリアは一〇〇%自分の意志によって決められるわけではなく、多くの場合、偶然の出来事によって左右される。ただし、同じ偶然でも、好ましい偶然が起こる人は、日ごろから好ましい偶然が起きるような能動的な行動をしている」という説が注目を集めています。

金井　私もその考え方に同感です。キャリアの節目には、自分のキャリアの方向性をデザインすべきですが、それ以外は偶然に身を任せてもいいと思います。むしろ、そのほうがいいこともあります。

高橋　その際には、かなり直感的に動く部分があってもいいのではないでしょうか。たとえば、仕事でたまたま出会った人にすごく魅かれて、この人の役に立ちたいと思ったら、一生懸命頑張る。それが結果的に、自分にとって好ましい出来事の布石になったりする。初めに目標ありきではない〝逆算しない行動〟を自然にとっている人は、むしろ好ましい偶然が起こる確率が高いと思います。

●キャリアの棚卸しは未来志向で行なおう

金井　なぜ、「偶然に任せること」や、あそび・探険的な要素がキャリアづくりに大切かというと、「動機」や「価値観」といったほんとうの自分らしさはすぐに見つかるものではなくて、探すのに時間がかかるからだと思うんです。

高橋さんも、大学では航空工学を専攻され、就職先は鉄道ファンだったので国鉄を選んだものの、趣味と仕事は違うことに気づき、アメリカの大学院に留学。そのあと、たまたまマッキンゼーで働くことになり、企業戦略に関わる仕事をしているうちに、人の問題が重要だとわかってきて、いまがある（笑）。自分がほんとうにやりたいことは、キャリアカウンセリングの質問票に、十五分かそこらで答えてわかるようなものではないんです。

高橋　誰しも試行錯誤しながら、徐々に自分らしさの本質に近づいていくのでしょう。だからこそ、過去のキャリアや専門性にこだわってはいけません。キャリアづくりは、過去志向ではなく未来志向で行なうべきです。一般的に、それまでに培ったスキルを活かそうとしますが、そんなのはすぐ陳腐化してしまいます。

金井　ある大企業の部長クラスの人たちに、「自分のポータブル・スキルを列挙してください」とお願いしたことがあるんです。すると、「リーダーシップをとれる」「戦略的な意思決定ができる」といった答えは返ってこなくて、「英語が話せる」とか「エクセルを使いこなせる」とか書いてくる。そんなのよくできる二十代のほうが上手をいきます。

よく研修やキャリアカウンセリングなどで、職務履歴書を書いてキャリアの棚卸しをしてもらったりしますが、これは過去を振り返るのではなく、将来を展望するために行なうもの。以前、「この仕事をやっているときは、自分はイキイキしていた」とか、「この異動は初めは嫌だったけれど、次第に自分の新たな能力に気づいた」とか、自分らしさを探す一つの手がかりにする。過去に縛られすぎたらダメです。

高橋　大切なのは、いまの仕事に前向きに取り組むことです。自分はどんな仕事に向いているのか、自分らしさは何なのかと考えるから、みんな悩む。私自身、将来は何をしたいのかと聞かれても、「いまはわかりません」としか答えられない。でも、仕事に日々、主体的に取り組んでいると、二年に一度ぐらい、「これは面白い。ぜひチャレンジしてみたい」と思う仕事が出てくる。これを繰り返して、ふと振り返ると自分らしいキャリアができあがっている……。それでいいのです。

金井　旅行にたとえれば、すべて計画をきっちり固めるのではなく、東北方面を旅行しようとおおまかに決めたら、あとは最初に泊まるところぐらいを決めておいて、それから先は旅先でいろいろな人や土地と出会うなかで決めていく。それが結果的に自分らしい旅行になる。

高橋　まさにそのイメージです。計画どおりに回るより、状況の変化やハプニングも取り込んで旅をより楽しくする。合気道みたいなところがあります。

金井　キャリアづくりでも、そうしたしなやかさや弾力性が絶対に必要です。ところが、とかくありがちなのが、ジグソーパズルのような考え方です。自分というピースに合う仕事を見つけるため、職業上の関心と仕事の属性を分析して、最適な組み合わせを見つけようとする。

高橋　結婚紹介サービスみたいに、条件を全部入れてマッチングする仕事を探す方法ですね。

金井　結婚とキャリアは共通したところがあって、誰を選ぶか、どんな仕事を選ぶかも大事ですが、選んだあとをいかに充実させていくかのほうが、はるかに大切。

そのときにまたありがちなのが、階段を上がるイメージです。三十歳ではこれをして、三十五歳ではこうなり、四十歳ではここまで上がり……といった具合に、直線的発達モデルを想定する。その典型が、収入を基軸にした階段イメージです。それにとらわれると、生活水準を維持するためにあくせくするようになる。本末転倒のキャリアですが、その罠に意外とはまりやすいのです。

●会社とのあいだに貸し借りをつくるな

金井　ところで、スローキャリアの考え方で私がもう一つ注目したいのは、「キャリアには、いくつかのフェーズ（局面）があっていい」という点です。たとえば、仕事と私生活をバランスさせたいと思っている人が、家族や私生活を犠牲にするような働き方をしていたら、普通は「これじゃいけない」と悩みますよね。でも、スローキャリアでは、「いまはそういうフェーズなのだから仕方がない。ある時期になったら切り替えて、職業人生全体としてバランスをとればいい」と考える。

高橋　私自身もマッキンゼー時代は、給料は国鉄時代の三倍でしたが、気がつけば三倍以上働いていました。でも、そのおかげで、会社に貸し借りをつくらずに済んだのも事実です。スローキャリアを実現するためには、会社とのあいだに貸し借りの関係をつくらないことが、非常に大きなポイントになります。「自分は給料以上に貢献している。文句をいわれる筋合いはない」と思って働いているほうが、精神的にも健全ですしね。

金井　逆に、会社に魂を売っているかぎり、スローキャリアは難しい。会社の求めるとおりファーストキャリアをめざすことになってしまいます。もともと上昇志向が強ければともかく、そうでない人は、自分らしさも幸福感も得られない。最後は、仲が悪いのに離婚しないカップルのような関係になる。最悪です。

高橋　そうならないためにも、キャリアづくりのプロセスにおいて、つねにポリシーを持ち続けることです。めざすならナンバーワンよりも自分らしいオンリーワン。そんなスローキャリア派にとって好ましい会社を支援するのも、大切なポリシーの一つです。

金井　有機野菜がほんとうにいいと思っている人は、有機野菜を売る店がなくならないように支えていかなければならない。スローキャリアは個人の新たな生き方・働き方であると同時に、一つの運動でもあるのですね。

●キャリアの「節目」に気づくことが重要

高橋　スローキャリアを実現するためには、特定の仕事や専門性にとらわれずに、つねに新しい仕事にチャレンジし続けることが求められます。では、どうやって自分のモチベーションを高めていけばいいのでしょう。

金井　大切なのは、お金だけが目的ではなく、それ自体が楽しくて仕方ないような状態になれるかどうかです。アメリカの心理学者チクセントミハイは、「一つのことに集中して、行為そのものと一体化しているような純粋に楽しい経験」を、流れ（flow）に乗っているイメージにたとえて「フロー経験」と呼んでいます。

スポーツ選手がプレーに没頭するのは、まさにフロー経験だから。スローキャリアも仕事の満足感や充実感がもっとも重要ですから、仕事そのものでフロー経験ができるかどうかがポイントです。

高橋　日本の場合、「仕事で苦労してこそ一人前」のような言い方をして、苦労を美化する傾向がありますが、これは間違いです。仕事を楽しくできるようにプロセスをどんどん変えていって、自分流のフロー経験をつくり上げる必要がありますね。

金井　実際、ほんとうにいい仕事をするには、フロー経験でないと難しいでしょう。チクセントミハイによれば、優れた企業経営者が見事な経営手腕をみせるのも、科学者が創造性を発揮するのもフロー経験をしているからではないかといいます。

高橋　一方、仕事をしていくなかでは、ツライ目に遭うことも当然あります。それをどう乗り越えていけばいいのか。たとえば、仕事や組織にうまく適応できず、「自分のキャリアはどん詰まりだ」と落ち込んだようなときには、どんな解決策が考えられるでしょうか。

金井　組織のなかで生き残るには適応も大事ですが、適応だけだと、自分のほうを周りに合わせることが中心となり、自分らしさがいっさいなくなってしまいます。ですから、このままではどうしてもダメだと感じたら、それは「変化すべきとき」という意味なのかもしれません。

「普段は、何も考えずに周囲の流れに合わせていていいけれど、キャリアの節目だけは自分の方向性を大まかにでもいいからデザインすべき」というのが私の持論ですが、いちばん大事なのは「いまが節目だ」といかにして気づくか。意外とそれに気づくのは難しいんですね。

そういう意味では、組織に適応できず、仕事で冴えなかったら、それをそのまま認め、「これは節目だと気づかせてくれるいい機会だ」と、肯定的に捉えることもできるのではないでしょうか。

高橋　自分で節目に気づくには、人事評価のフィードバックも大事になります。ところが、日本の企業では、ミドル層になって年齢が上がってくるにつれ、フィードバックがなくなる傾向にあります。

金井　もう一つ大事なのは、社内にメンター（よき助言者やサポート役）がいること。このままではダメだと思ったとき、相談できる相手がいて、その人もスローキャリアを歩んでいたらベストです。

●キャリア満足度の高い人は逆境をいかに乗り越えたか

高橋　キャリアがどん詰まりになったときには、「何が問題なのか」を冷静に分析することが絶対必要だと思います。

たとえば、「営業が向いていない」と悩んでいる営業マンでも、ほかの商品や売り方の営業なら合っているかもしれない。あるいは、上司との相性が悪いだけで、上司が変われば、まったく同じ商品や売り方でも、うまくいくようになる可能性だってあります。それなのに、すべての営業が自分に向いていないと、短絡的に思い込んでしまう人が少なくありません。

ただ、自分一人で分析するのはなかなか難しいのも事実。よきメンターがいるといないとでは大違いですね。

金井　上司がメンターになってくれればいちばんいいのですが、現実にはそういうことは少ないのかもしれません。企業研修などで、受講者に自分が若いときの上司のことについて書いてもらっても、「肝心なときに指示がなかった」「成果を横取りされた」など、

「ひどい上司」のことを書く人が多いんです。

どうしても上司と合わなければ、自分が異動するか、上司が異動するしかありません。その両方が難しい場合には、自分で土俵を変えるしかないでしょう。あるいは、上司以外にメンターをもつことが、決定的に大事なこともあります。

高橋　そのとき、自分らしいキャリアをまたつくり始めることができるかどうか。それは日ごろからどれだけ〝布石〟を打っているかによっても違ってきます。

私は以前に、「キャリア満足度」の高い人たちを何人かインタビューしたことがあるのですが、彼らのほとんどは、いろいろなかたちで布石的な行動をとっていました。

ある人は、自分のやりたいテーマに対して直属の部長から理解が得られなかったため、社内で同じ問題意識をもっている別の部長と接触できた際に、自分の勉強成果を話してみたところ、その部長が立ち上げるプロジェクトに参加させてもらえたそうです。

またある人は、自分の問題意識を論文に書いて業界誌の懸賞に応募したところ掲載され、それがたまたま社内でその問題に関した仕事をしていた人の目に止まり、メンバーに引っ張られました。

こうした布石行動は計画的なものではないので、必ず自分の期待どおりの結果が起こるとは限りません。それでもほんとうに自分のやりたい仕事があって、なかなかできないなら、布石を打っておくべきだと思います。

金井　「たまたま……」という偶然を必ず起こすようにすることはできないにしても、より偶然に広く出会う確率を高めるようなネットワークづくりや布石は大切です。自分から何か行動を起こしてみて、周りから面白い人間だと認知されれば、友だちの輪が広がっていって、会いたいと思う人にも自然と出会えるようになる。

だから、どん詰まりだと感じたら、まずは行動してみることだと思うんです。その点では、ハーミニア・イバーラというアメリカの組織行動学者の考え方が参考になります。彼女はまず、最初から大きな勝利を考えるより、小さく実験してみて、小さな勝利を重ねていったほうがいいといっているんです。

高橋　大きなキャリア・チェンジは、清水の舞台から飛び降りるようなものですから、足の骨の一本ぐらい折る可能性は十分あります。しかし、何もわからず飛び込む前に、小さい実験をしておけば、たしかにリスクは減らせます。

金井　イバーラはまた、「行動することで新しい考えが生まれ、変化できる。だから、行動してから考えよう」ともいっています。これは普通のキャリア・カウンセラーが「まず目標を考えて、それから行動しよう」というのとはまったく逆なんですね。

彼女の考え方は、「ほんとうの自分を見つけようとするとたいへんだから、将来に実現可能な自己像を数多く考え出し、そのなかで試したいものに焦点を合わせ、実際にトライしてみる。一貫性がなくてもいいし、矛盾があってもかまわない」というもの。非常に面白い考え方で、学ぶことがたくさんあります。

●「夢想する癖」をつけ、直感力を鍛えよう

高橋　最後に、もう一つ考えておきたいのは、節目で十分な情報もなしに大きな意思決定をせざるを得なくなったらどうするか、という問題です。

アメリカのキャリア専門家ジェラート博士は、現代のようにキャリアの先行きに不確定な要素が強く、合理的な選択が難しい時代には、むしろ直感的な意思決定を重視すべきだといっています。最終的には直感で判断しなければならない部分があるのでしょう。

たとえば、結婚にしても、多少つき合ったぐらいでは、相手が人生のパートナーとしてふさわしいのかどうかはわかりません。最後は直感でエイヤーと決めるしかない。キャリ

アも似たようなところがあります。
金井　情報が多ければ多いほど、合理的に判断できるかというとそうでもなくて、人に話を聞けば聞くほど決められなくなるのが、配偶者とキャリアの選択です。
高橋　じつは私がマッキンゼーに入ったときも、マッキンゼーがどういう会社なのか、ほとんど何も知らなかったんです。もし事前によく調べていたら、入社していなかったかもしれません（笑）。まさに無知の勝利です。
直感力を鍛えるには、日ごろから夢想する癖をつけることです。普通、大人になればなるほど、非現実的なことはイメージしなくなるじゃないですか。でも、それではダメだと思うんです。
金井　イメージが湧くと、ワクワクして、モチベーションも上がります。ですから、イマジネーション能力や直感力も、スローキャリア派には大切なスキルといえますね。
※この対談は『THE21』二〇〇四年五月号、六月号に掲載したものを一部修正し再録しています。

〈著者紹介〉
高橋俊介（たかはし　しゅんすけ）
1954年、東京都生まれ。日本国有鉄道(現・JR)、マッキンゼー・ジャパンを経て、89年、ワトソンワイアットに入社。93年、同社代表取締役社長に就任。97年7月、同社を退社し、ピープル・ファクター・コンサルティングを設立。2000年5月からは、慶應義塾大学大学院政策・メディア研究科教授も務める。著書に、『キャリア論』『キャリアショック』（ともに東洋経済新報社）など多数。

スローキャリア
上昇志向が強くない人のための生き方論

2004年8月6日　第1版第1刷発行

著　者　高　橋　俊　介
発行者　江　口　克　彦
発行所　Ｐ　Ｈ　Ｐ　研　究　所
東京本部　〒102-8331　千代田区三番町3番地10
ビジネス出版部　☎03-3239-6257
普及一部　☎03-3239-6233
京都本部　〒601-8411　京都市南区西九条北ノ内町11
PHP INTERFACE　http://www.php.co.jp/
組　版　朝日メディアインターナショナル株式会社
印刷所　株式会社精興社
製本所　株式会社大進堂

ISBN4-569-63574-1

PHPの本

雇われないで生きよう！

高城幸司　著

仕事が嫌になったとき、会社を辞めたくなったとき、就職できなくて悩んでいるとき——気持ちを切り替え、自営でも、起業でも、プチ独立でも生き方はさまざまだ。

定価一、三六五円
（本体一、三〇〇円）
税五％